39,50 €

CODE MANUEL

DE

LA PRESSE

CODE MANUEL

DE

LA PRESSE

COMPRENANT TOUTES LES LOIS SUR L'IMPRIMERIE
LA LIBRAIRIE — LA PRESSE PÉRIODIQUE — L'AFFICHAGE
LE COLPORTAGE — LES DÉLITS DE PRESSE
ET LA PROPRIÉTÉ LITTÉRAIRE
MISES EN ORDRE ET ANNOTÉES D'APRÈS LA JURISPRUDENCE

PAR

ARMAND RAVELET

Docteur en Droit, Avocat à la Cour impériale de Paris

PARIS

VICTOR PALMÉ
ÉDITEUR
25, rue de Grenelle-St-Germain, 25

A. DURAND et PEDONE LAURIEL
ÉDITEURS
9, rue Cujas, 9
(7, ancienne rue des Grès, 7)

1868

PRÉFACE

Depuis la révolution il a été rendu environ cent cinquante lois, ordonnances ou décrets qui concernent la presse. La loi du 11 mai 1868 en clôt pour aujourd'hui la liste. Un tiers de ces dispositions législatives sont encore en vigueur ; mais aucune n'est complète, et peu d'entre elles sont complètement abrogées. La législation de la presse se compose donc de lois mutilées, de textes incohérents, épaves laissées par tous les gouvernements et qu'il faut démêler quand aucune de ces lois ne porte le signe visible de son abrogation ou de son maintien.

De ces débris informes il aurait fallu faire un code. Quand la loi de 1868 a été mise en discussion, nous avons, comme

a

beaucoup d'autres, exprimé le vœu que
le législateur reproduisit les dispositions
des lois antérieures qu'il entendait conserver. Cette besogne lui était facile. Il
pouvait ajouter aux dispositions obscures
et les rendre claires; supprimer les dispositions inutiles et embarrassantes; con-
cilier les dispositions contradictoires. Car
rien n'arrête son autorité souveraine; il
n'a qu'à vouloir et à exprimer clairement
ce qu'il veut.

Pour le jurisconsulte, au contraire, ce
travail est plein de difficultés? Loin de
commander aux textes, il leur doit obéir.
Il n'est que l'interprète respectueux d'une
volonté étrangère qui passe pour unique,
mais qui émanée de plusieurs personnes,
exprimée à des époques différentes, formule, sur les mêmes points, des résolu-
tions souvent contraires.

Quant à ceux dont le rôle n'est pas de
faire la loi, ni même de l'expliquer, mais
de la subir; quant aux écrivains et à leurs
utiles auxiliaires les libraires et les im-

primeurs, ce travail de distinction leur est absolument impossible. Ils savent exprimer leur propre pensée, mais non pas manier ces textes tranchants, dont chaque mot peut blesser celui qui n'y prend pas garde. Ils s'égarent dans cet immense dédale. Habitués aux idées claires, ils ne peuvent accepter que la volonté du législateur, celle que tout le monde a intérêt à connaître, soit si confuse, et qu'il faille tant d'études pour la comprendre.

Pour leur épargner des recherches pénibles et des méprises généralement dangereuses, nous avons extrait du Bulletin des Lois les textes que nous croyons encore en vigueur ; et nous avons réuni dans un seul volume tout ce qui concerne l'imprimerie, la librairie, la presse périodique, l'affichage, le colportage, les délits de presse et la propriété littéraire. Toutes ces lois régissent la même matière, elles s'adressent aux mêmes hommes ; elles forment ce que l'on pourrait appeler le code de la pensée.

Désireux de mettre la loi même sous les yeux du lecteur, de faire un code et non pas un traité, nous avons reproduit scrupuleusement chaque article en indiquant à sa suite la loi à laquelle il appartient et le numéro qu'il y porte.

Nous y avons ajouté quelques commentaires, quand nous les avons jugés indispensables. Ils sont extraits de la jurisprudence ou des auteurs les plus autorisés. Ils expriment l'interprétation commune et sont courts. Ce sont des explications et non pas des controverses; nous n'avons pas voulu avancer des opinions, quand la place nous manquait pour les défendre.

A l'ordre chronologique, nous avons substitué l'ordre logique. Pour la jurisprudence proprement dite il est le seul possible. Car les lois, quelle que soit leur date, ont une égale autorité, et pour les bien comprendre il faut surtout rapprocher les unes des autres les dispositions qui règlent les mêmes points.

Une table des matières par ordre alphabétique permettra au lecteur de trouver promptement l'objet qu'il cherchera, et une table chronologique des articles de loi reproduits par nous lui donnera le moyen de reconstruire le texte contenu de ces lois.

Inutile de dire qu'en faisant ce travail, c'est la presse que nous avons voulu servir. On a beaucoup médit de la presse. Tel qui lui demande en particulier des services la dénigre volontiers en public. La vérité, c'est qu'elle est une force, bonne ou mauvaise, suivant l'usage qu'on en fait. Elle est une force comme la parole, plus puissante même que la parole, parce qu'elle a un auditoire plus nombreux, plus attentif et plus docile. Elle tient dans sa dépendance tout gouvernement qui se soumet à l'opinion et dans une constitution basée sur le suffrage universel, elle a son rôle constitutionnel, car elle est l'intermédiaire presque nécessaire des représentants et des représentés. S'il lui plait, elle peut faire que la voix du plus éloquent orateur s'éteigne dans le vide et ne parvienne pas au public.

Disposant d'une telle influence et remplissant la fonction d'un pouvoir, sans en avoir l'inviolabilité, la presse a subi les passions de tous les pouvoirs en titre, tour à tour asservie, émancipée, flattée, puis foulée aux pieds, puis de nouveau affranchie suivant qu'elle avait secondé les projets de ceux qui gouvernaient ou qu'elle leur avait fait obstacle. Voilà pourquoi la législation qui la régit est diverse comme l'histoire, inconstante comme le caprice. D'ailleurs, la presse, par réaction, a eu ses passions aussi, ses colères, ses rancunes, ses injustices, ses hontes, et elle mérite en partie le sort qui lui a été fait.

Mais, bien qu'elle ait été plus d'une fois déshonorée par les mains dans lesquelles elle s'est trouvée, elle est souvent aussi la dernière arme qui reste à la vérité. Employée pour répandre l'erreur, elle peut servir à la combattre, et elle a déjà réparé beaucoup d'injustices qu'elle n'avait pas commises : cela suffira pour qu'il lui soit beaucoup pardonné.

D'ailleurs, quoiqu'elle ait fait, elle ne saurait être mise hors du droit : un gouvernement qui lui refuse ses sympathies lui doit encore la justice : or, le premier élément de la justice, c'est une loi précise et claire.

Nous n'espérons pas que notre travail ait |mis dans nos lois sur la presse toute l'unité et la clarté qui leur manquent. Peut-être cependant aurons-nous pu préparer ce résultat et le rendre facile à d'autres.

CODE MANUEL DE LA PRESSE

CHAPITRE I

De l'Imprimerie et de la Librairie.

SECTION Ire.—DES IMPRIMEURS.

Des Imprimeurs typographes.

I. A dater du 1er janvier 1811, le nombre des imprimeurs dans chaque département sera fixé, et celui des imprimeurs à Paris sera réduit à soixante. (*Décret du 5 février 1810, art.* 3.)

Ce nombre a été augmenté ; il est aujourd'hui de 85 à Paris.

II. La réduction dans le nombre des imprimeurs ne pourra être effectuée sans qu'on ait préalablement pourvu à ce que les imprimeurs actuels, qui seront sup-

primés, reçoivent une indemnité de ceux
qui seront conservés. (*Décret du 5 fé-*
vrier 1810, art. 4.)

Des brevets.

III. Nul ne sera imprimeur s'il n'est
breveté par le roi et assermenté. (*Loi du*
21 *octobre 1814, art.* **11.** — *Décret du 5*
février 1810, art. 5.)

L'article 14 de la loi du 11 mai 1868 porte que
« les gérants de journaux seront autorisés à
établir une imprimerie exclusivement destinée à
l'impression du journal. »
Le brevet d'imprimeur est personnel. Il ne
donne droit d'exercer la profession qu'à celui
qui l'obtient et dans la localité pour laquelle il
est accordé.

IV. Le brevet d'imprimeur sera délivré par notre directeur général de l'imprimerie et soumis à l'approbation de
notre ministre de l'intérieur; il sera enregistré au tribunal civil du lieu de la
résidence de l'impétrant, qui y prêtera
serment de ne rien imprimer de contraire aux devoirs envers le souverain
et à l'intérêt de l'Etat. (*Décret du 5 février*
1810, *art.* 9.)

V. Les brevets d'imprimeur seront
délivrés sur parchemin par le directeur

général de l'imprimerie, en la forme voulue par l'article 9 du décret du 5 février 1810. (*Décret du 2 février* 1811, *art.* 1.)

Les brevets d'imprimeur sont aujourd'hui délivrés par le ministre de l'intérieur. (Décrets du 22 mars 1852, — et des 21-30 juin 1853.) Les demandes pour le département de la Seine sont adressées directement au ministre : pour les autres départements, elles lui sont adressées par l'intermédiaire des préfets. Il faut y joindre : 1° une expédition de l'acte de naissance du candidat ; 2° un certificat de bonnes vie et mœurs, délivré à Paris par le commissaire de police du quartier, en province par le maire de la commune ; 3° un certificat de capacité délivré par quatre imprimeurs brevetés ; 4° le titre d'un imprimeur breveté et sa démission. Si l'imprimeur auquel on veut succéder est décédé, on joint à son titre une expédition de l'acte de décès, le désistement de ses héritiers, et le consentement de leur tuteur s'ils sont mineurs.

L'enregistrement du brevet et la prestation de serment doivent avoir lieu avant tout commencement d'exploitation.

VI. Lorsqu'il viendra à vaquer des places d'imprimeurs, soit par décès, soit autrement, ceux qui leur succèderont ne pourront recevoir leurs brevets et être admis au serment qu'après avoir justifié de leur capacité, de leurs bonnes vie et mœurs et de leur attachement à la patrie et au souverain. (*Décret du 5 février* 1810, *art.* 7.)

VII. On aura, lors des remplacements, des égards particuliers pour les familles des imprimeurs décédés. (*Décret du 5 février* 1810, *art.* 8.)

L'article 23 du Réglement de 1723, toujours appliqué, autorise la veuve non remariée à continuer l'exploitation de l'établissement de son mari.

VIII. Les frais d'expédition des brevets demeurent fixés à 50 fr. pour Paris, et 25 fr. pour les autres villes de l'Empire. (*Décret du 2 février* 1811, *art.* 2).

IX. Les brevets ne seront remis aux impétrants que sur le vu de la quittance des frais d'expédition. (*Décret du 2 février* 1811, *art.* 3.)

Obligations imposées aux imprimeurs.

X. Défendons aux imprimeurs de faire travailler ailleurs que dans les maisons où ils demeurent, ou dans celles à la porte desquelles sera posée une enseigne publique d'imprimerie. La porte de leur imprimerie ne sera fermée pendant le temps de leur travail que par un simple loquet.

Leur défendons d'avoir, dans les maisons où ils impriment, aucunes portes de derrière, par lesquelles ils puissent faire sortir clandestinement aucun imprimé, le tout à peine d'interdiction pendant six mois et de cinq cents livres d'amende, qui ne pourra être remise ni modérée, même de déchéance de la maîtrise. (*Déclaration du roi du* 10 *mai* 1728, *art.* 7.)

XI. Ils seront tenus d'avoir, à Paris, quatre presses, et, dans les départements, deux. (*Décret du* 5 *février* 1810, *art.* 6.)

Cet article n'a pas de sanction.

XII. Chaque imprimeur sera tenu, conformément aux règlements, d'avoir un livre coté et paraphé par le maire de la ville où il réside, où il inscrira, par ordre de dates et avec une série de numéros, le titre littéral de tous les ouvrages qu'il se propose d'imprimer, le nombre des feuilles, des volumes et des exemplaires, et le format de l'édition. Ce livre sera représenté, à toute réquisition, aux inspecteurs de la librairie et aux commissaires de police, et visé par eux, s'ils le jugent convenable.

La déclaration prescrite par l'art. 14,

de la loi du 21 octobre 1814, sera conforme à l'inscription portée au livre. (*Ordon. du* 24 *octobre* 1814, *art.* 2.)

De la déclaration et du dépôt des ouvrages.

XIIl. Nul imprimeur ne pourra imprimer un écrit avant d'avoir déclaré qu'il
se propose de l'imprimer, ni le mettre en
vente ou le publier, de quelque manière
que ce soit, avant d'avoir déposé le nombre prescrit d'exemplaires ; savoir : à
Paris, au secrétariat de la direction générale ; et, dans les départements, au secrétariat de la préfecture. (*Loi du* 21 *octobre*
1814, *art.* 14.)

La déclaration doit maintenant être faite
pour Paris au ministère de l'intérieur, division
de l'imprimerie et de la librairie.
Toute publication, réimpression, documents
officiels, œuvres de toute espèce, quelqu'en
soient l'objet et l'étendue, doivent être déclarés et déposés. Il y a dispense de déclaration et de dépôt pour les ouvrages de ville ou
bilboquets, tels que annonces de mariage et de
décès, affiches de vente ou de location, et impressions relatives à des intérêts purement pri-
vés. Il y a également dispense pour les mémoires signés d'un avocat ou d'un avoué.
Les œuvres musicales accompagnées de texte
doivent être déclarées et déposées.
La déclaration doit avoir lieu avant la composition.

Le dépôt doit être fait avant la mise en vente, c'est-à-dire avant l'envoi des imprimés chez le libraire. L'envoi chez le brocheur avant le dépôt ne constitue pas la contravention.

Le dépôt doit avoir lieu à la préfecture. Fait à la mairie ou à la sous-préfecture, il serait insuffisant.

Quelques auteurs pensent que le ministère des imprimeurs est forcé, et qu'ils ne peuvent arbitrairement et sans raison sérieuse refuser d'imprimer un écrit qui, d'ailleurs, ne renferme aucun délit. La jurisprudence est généralement contraire à cette opinion, et les considère comme libres d'exécuter ou de refuser les commandes qui leur sont faites.

XIV. Le nombre des exemplaires des écrits imprimés et des épreuves des planches et estampes, dont le dépôt est exigé par la loi, et qui avait été fixé à cinq par les art. 4 et 8 de l'ordonnance du 24 octobre 1814, est réduit, outre l'exemplaire et les deux épreuves destinés à notre bibliothèque, conformément à la même ordonnance, à un seul exemplaire et à une seule épreuve pour la bibliothèque du ministère de l'intérieur. (*Ordon. du* 9 *janvier* 1828, *art.* 1.)

Ainsi, il faut déposer deux exemplaires des écrits imprimés, et trois épreuves des gravures, planches et estampes. Comme depuis 1852 les dessins, gravures, lithographies et photographies ne peuvent être publiés sans autorisation, il faut déposer un troisième exemplaire des écrits imprimés avec gravures, et un quatrième des gravures et dessins isolés, avec le certificat qui atteste leur conformité au tirage.

XV. Il y a lieu à saisie et à séquestre d'un ouvrage :

1° Si l'imprimeur ne représente pas les récépissés de la déclaration et du dépôt ordonnés en l'article précédent;

2° Si chaque exemplaire ne porte pas le vrai nom et la vraie demeure de l'imprimeur;

3° Si l'ouvrage est déféré aux tribunaux pour son contenu. (*Loi du* 21 *octobre* 1814, *art.* 15.)

Le récépissé n'est qu'une preuve qui peut être suppléé par d'autres. La non-représentation du récépissé, quand la déclaration et le dépôt ont été effectués, ne constitue pas une contravention.

Le nom de l'imprimeur doit être au bas de tout écrit, prospectus, annonce, circulaires adressés aux abonnés d'un journal et joints au journal, gravures et musique accompagnées de texte, journaux cautionnés ou non, livres imprimés en langue étrangère et destinés à l'exportation.

Le nom de l'imprimeur peut n'être pas mis au bas des lettres de faire-part, adresses imprimées et formules de bureau.

XVI. Lorsqu'un écrit aura été saisi en

vertu de l'art. 15 de la loi du 21 octobre 1814, l'ordre de saisie et le procès-
verbal seront, sous peine de nullité, no-
tifiés dans les vingt-quatre heures, à la
partie saisie, qui pourra y former opposition.

En cas d'opposition, le procureur du
roi fera toute diligence pour que, dans
la huitaine, à dater du jour de ladite
opposition, il soit statué sur la saisie.

Le délai de huitaine expiré, la saisie,
si elle n'est maintenue par le tribunal,
demeurera de plein droit périmée et sans
effet, et tous dépositaires de l'ouvrage
saisi seront tenus de le remettre au propriétaire. (*Loi du* 28 *février* 1817, *art.*
unique.)

.

Cette loi a été abrogée par la loi du 26 mai
1819, mais seulement pour la saisie des écrits
déférés aux tribunaux à cause de leur contenu.
Elle reste en vigueur pour les simples contraventions à la loi du 21 octobre 1814.

XVII. Les objets saisis seront déposés
provisoirement au secrétariat de la mairie et au commissariat général de la sous-
préfecture et de la préfecture la plus voi-
sine du lieu où le délit ou la contravention sont constatés, sauf l'envoi ultérieur

à qui de droit. (*Décret du* 5 *février* 1810, *art.* 46.)

XVIII. Le défaut de déclaration avant l'impression, et le défaut de dépôt avant la publication, constatés comme il est dit en l'article 15 de la loi du 21 octobre 1814, seront punis chacun d'une amende de 1,000 fr., pour la première fois, et de 2,000 fr. pour la seconde. (*Loi du* 21 *octobre* 1814, *art.* 16.)

La constatation dont parle notre article est faite par la représentation du récépissé. Cependant la déclaration et le dépôt pourraient être établis autrement.

Le défaut de déclaration et le défaut de dépôt sont des contraventions. La peine est encourue malgré la bonne foi du contrevenant. Ce sont deux contraventions distinctes ; si elles sont commises toutes deux, il y a double peine. Le Tribunal compétent est celui du lieu du dépôt.

XIX. Le défaut d'indication, de la part de l'imprimeur, de son nom et de sa demeure, sera puni d'une amende de 3,000 fr. L'indication d'un faux nom et d'une fausse demeure sera punie d'une amende de 6,000 fr., sans préjudice de l'emprisonnement prononcé par le Code pénal (*Loi du* 21 *octobre* 1814, *art.*17.)

L'article 283 du Code pénal prononce un emprisonnement de six jours à six mois contre toute personne qui aura sciemment contribué à la publication ou à la distribution d'un écrit ne portant pas l'indication vraie des noms, professions et demeures de l'auteur et de l'imprimeur. Mais l'article 17 de la loi de 1814 abroge, en ce qui concerne l'imprimeur, la disposition de l'article 283 du Code pénal, relativement à l'indication des nom et demeure de l'auteur.

Le défaut d'indication du nom de l'imprimeur est une contravention. La peine est encourue, même s'il y a bonne foi de la part du contrevenant.

La contravention est commise dès qu'un seul exemplaire est sorti de l'imprimerie.

XX. Les exemplaires saisis pour simple contravention à la loi du 21 octobre 1814 seront restitués après le paiement des amendes. (*Loi du octobre* 1814, *art.* 18.)

XXI. Le brevet pourra être retiré à tout imprimeur ou libraire qui aura été convaincu, par un jugement, de contravention aux lois et règlements. (*Loi du* 21 *octobre* 1814, *art.* 12.)

Des imprimeurs en taille-douce.

XXII. Nul ne sera imprimeur en taille-douce s'il n'est breveté et assermenté. (*Decret du* 22 *mars* 1852, *art.* 1.)

XXIII. Les dispositions dudit article (*l'art. 14 de la loi du* 21 *octobre* 1814. — *Voy. ci-dessus, n°* **XIII**) s'appliquent aux estampes et aux planches gravées accompagnées d'un texte. (*Ordon. du* 24 *octobre* 1814, *art.* 3.)

Cet article 14 est celui qui oblige les imprimeurs à déclarer préalablement ce qu'ils se proposent d'imprimer et à en déposer le nombre prescrit d'exemplaires, à Paris, au ministère de l'intérieur, et dans les départements, au secrétariat de la préfecture. Pour les gravures et estampes le nombre est de trois sans compter l'épreuve certifiée conforme au tirage.

XXIV. Toute estampe ou planche gravée, publiée ou mise en vente avant le dépôt des épreuves constaté par le récépissé, sera saisie par les inspecteurs de la librairie et les commissaires de police, qui en dresseront procès-verbal. (*Ordonnance du* 24 *octobre* 1814, *art.* 10.)

Des imprimeurs lithographes.

XXV. Nul ne sera imprimeur lithographe, s'il n'est breveté et assermenté. (*Ordonnance du* 8 *octobre* 1817, *art.* 1.)

La règle s'applique à l'autographie et à tout autre procédé d'impression.

XXVI. Toutes les impressions lithographiques seront soumises à la déclaration et au dépôt avant la publication comme tous les autres ouvrages d'imprimerie. (*Ordonnance du* 8 *octobre* 1817, *art.* 2.)

Les impressions lithographiques doivent également porter le nom et l'adresse de l'imprimeur.

Des imprimeries clandestines.

XXVII. Les imprimeries clandestines seront détruites, et les possesseurs et dépositaires punis d'une amende de 10,000 fr. et d'un emprisonnement de six mois.

Sera réputée clandestine toute imprimerie non déclarée à la direction générale de la librairie, et pour laquelle il n'aura pas été obtenu de permission. (*Loi du* 21 *octobre* 1814, *art.* 13.)

Il a été jugé que la simple détention d'une imprimerie, sans qu'il en ait été fait usage, suffit à constituer la contravention.

Il n'est pas permis de posséder, sans brevet, une imprimerie que l'on fait exploiter par un imprimeur breveté, si l'entreprise est distincte de celle de cet imprimeur.

Mais les droits que des tiers possèdent sur le matériel d'une imprimerie autorisée, ni la vente de cet imprimerie à un cessionnaire qui, en attendant son brevet, exploite sous le nom et la responsabilité de son prédécesseur, ne suffisent pas à donner à cette imprimerie le caractère de clandestinité.

XXVIII. Nul ne pourra, pour des impressions privées, être possesseur ou faire usage de presses de petite dimension, de quelque nature qu'elles soient, sans l'autorisation préalable du ministre de l'intérieur à Paris, et des préfets dans les départements. Cette autorisation pourra toujours être révoquée, s'il y a lieu. (*Décret du 22 mars 1852, art. 2.*)

XXIX. Les contrevenants seront punis des peines édictées par l'art. 13 de la loi du 21 octobre 1814. (*Décret du 22 mars 1852, art. 3.*)

Les peines sont une amende de 10,000 fr. et un emprisonnement de six mois. La presse est détruite. *Voir ci-dessus n°* xxvii.

XXX. A dater du 1ᵉʳ janvier 1811, ceux de nos sujets qui cesseront d'exercer la profession d'imprimeur et généralement tous ceux qui, n'exerçant pas ladite profession, se trouveront propriétaires, possesseurs ou détenteurs de presses, fontes, caractères ou autres ustensiles d'imprimerie, devront, dans le délai d'un mois, faire la déclaration desdits objets dans le département de la Seine, au préfet de police, et, dans les départements, au préfet.

Sont exceptées de cette disposition les presses à cylindre servant à tirer des copies. (*Décret du* 18 *nov.* 1810, *art.* 1.)

Il semble que les articles précédents qui prévoient et punissent la possession d'une imprimerie clandestine rendent celui-ci inutile. Cependant il s'appliquerait encore dans le cas où un individu, sans avoir une imprimerie montée, détiendrait sans autorisation une partie du matériel.

XXXI Le préfet de police, à Paris, et les préfets des départements transmettront au directeur général de l'imprimeu merie et de la librairie, (*aujourd'hui a s ministre de l'interieur*) lesdites déclaration avec leur avis sur les demandes d'être au torisé à conserver lesdites presses et ustensiles pour continuer d'en faire usage, qui pourront être jointes aux déclarations. (*Décret du* 18 *nov.* 1810, *art.* 2.)

XXXII. Sont sujets aux dispositions de l'art. 1er du présent décret : les imagiers, dominotiers et tapissiers. (*Décret du* 18 *nov.* 1810, *art.* 4.)

XXXIII. Les contraventions au présent décret seront punies d'un emprisonnement de six jours à six mois, et constatées et poursuivies conformément aux dispositions des articles 45 et suivants du décret du 5 février 1810. (*Décret du 18 nov. 1810, art. 5.*)

Les peines ci-dessus prononcées s'appliquent aux contraventions prévues par les trois articles précédents qui consistent dans la détention, sans autorisation, d'objets servant à l'imprimerie.

Vente de presses et de caractères.

XXXIV. Les fondeurs de caractères, les clicheurs ou stéréotypeurs, les fabricants de presses de tous genres, les marchands d'ustensiles d'imprimerie seront tenus d'avoir un livre coté et paraphé par le maire, sur lequel seront inscrites, par ordre de date, les ventes par eux effectuées, avec les noms, qualités et domicile des acquéreurs. Au fur et à mesure de chaque livraison, ils auront à transmettre, sous forme de déclaration, au ministre de la police générale, à Paris, et à la préfecture, dans les départements, copie de l'inscription faite au registre. Chaque infraction à l'une de ces dispositions sera punie d'une amende de 50 à 200 francs. (*Décret du 22 mars 1852, art. 4.*)

XXXV. Les maires, les commissaires inspecteurs de la librairie et les commissaires de police constateront les contraventions par des procès-verbaux. (*Décret du 22 mars 1852, art. 5.*)

XXXVI. Les dispositions précédentes ne sont applicables ni à l'Algérie, ni aux colonies. (*Décret du 22 mars 1852, art. 6.*)

SECTION II. — DES LIBRAIRES.

XXXVII. Nul ne sera libraire s'il n'est breveté par le roi et assermenté (*Loi du 21 octobre 1814, art. 11.*)

Une disposition analogue se trouvait déjà dans l'article 29 du décret du 5 février 1810. Il faut un brevet aux bouquinistes en boutique. Les colporteurs n'ont besoin que d'une autorisation préfectorale ; les libraires étaleurs d'une simple permission délivrée, à Paris, par le préfet de police, et dans les départements, par l'autorité locale.

Il faut un brevet pour ouvrir un cabinet littéraire. Il n'en faut pas pour louer des journaux et brochures périodiques.

Le commerce des gravures et de la musique, ne nécessite pas de brevet, à moins qu'il n'y ait en même temps vente de textes imprimés.

Les auteurs peuvent vendre et publier leurs propres ouvrages ainsi que leurs héritiers, sans brevet.

Les brevets sont spéciaux pour les villes pour

2.

lesquelles ils ont été concédés. Il a été jugé
que le même individu ne pouvait exercer à la
fois dans plusieurs villes la profession de libraire.

Les brevets sont personnels et incessibles.
Toute cession doit être autorisée par le ministra
de l'intérieur.

XXXVIII. Les brevets de libraire seront
délivrés par notre directeur général de
l'imprimerie et soumis à l'approbation de
notre ministre de l'intérieur ; ils seront
enregistrés au tribunal civil du lieu de la
résidence de l'impétrant, qui y prêtera
serment de ne vendre, débiter et distribuer aucun ouvrage contraire aux devoirs envers le souverain et à l'intérêt de
l'État. (*Décret du* 5 *février* 1810, *art.* 30.)

XXXIX. Les brevets ne pourront être
accordés aux libraires qui voudront s'établir à l'avenir qu'après qu'ils auront justifié de leurs bonnes vie et mœurs et de
leur attachement à la patrie et au souverain. (*Décret du* 5 *février* 1810, *art.* 33.)

Les brevets de libraire sont aujourd'hui délivrés par le ministre de l'intérieur. (Décrets des
22 mars 1852 et 30 juin 1853.(

Les demandes pour le département de la
Seine sont adressées directement au ministre,
pour les autres départements, elles lui sont
adressées par l'intermédiaire des préfest. Il faut
y joindre : 1º une expédition de l'acte de nais-

sance du candidat; 2° un certificat de bonnes vie et mœurs délivré à Paris par le commissaire de police du quartier, en province par le maire de la commune; 3° un certificat de capacité délivré par quatre libraires brevetés; 4° la démission d'un libraire breveté ou l'acte de décès du titulaire d'un brevet.

XL. Le brevet pourra être retiré à tout imprimeur ou libraire qui aura été convaincu, par un jugement, de contravention aux lois et règlements. (*Loi du 21 octobre* 1814, *art.* 12.)

XLI. La profession de libraire pourra être exercée concurremment avec celle d'imprimeur. (*Décret du* 5 *février* 1810, *art.* 31.)

XLII. L'imprimeur qui voudra réunir la profession de libraire sera tenu de remplir les formalités qui sont imposées aux libraires.

Le libraire qui voudra réunir la profession d'imprimeur sera tenu de remplir les formalités qui sont imposées aux imprimeurs. (*Décret du* 5 *février* 1810, *art.* 32.)

XLIII. Tout individu qui exercera le commerce de la librairie sans avoir obtenu le brevet exigé par l'article 11 de la loi du 21 octobre 1814 sera puni d'une

peine d'un mois à deux ans d'emprisonnement et d'une amende de 100 francs à
2,000 francs. L'établissement sera fermé.
(*Décret du 17 février 1832, art. 24.*)

Il ne suffit pas que le brevet ait été demandé,
il faut qu'il ait été obtenu.

XLIV. Fait Sa Majesté expresses inhi-
bitions et défenses à tous marchands
merciers grossiers, joailliers de chacune
des villes du royaume, de vendre ni débiter à l'avenir, aucuns livres imprimés
à l'exception des ABC, des almanachs,
des petits livres d'heures, de prières, imprimés hors de la ville de leur résidence
ordinaire qui n'excéderont pas deux
feuilles d'impression de caractère *cicero*,
sous peine de confiscation et cinq cents
livres d'amende, conformément à l'article 4 de l'arrêt du conseil du 28 février
1723. (*Arrêt de conseil du 10 septembre
1735, art. 10.*)

Les papetiers, merciers, épiciers qui ven
dent des syllabaires, des almanachs et des li
vres de messe, n'excédant pas deux feuille
d'impression, n'ont pas besoin de brevet.

XLV. Tout libraire chez qui il sera
trouvé ou qui sera convaincu d'avoir mis
en vente ou distribué un ouvrage sans

nom d'imprimeur, sera condamné à une amende de 2,000 francs, à moins qu'il ne prouve qu'il a été imprimé avant la promulgation de la présente loi. L'amende sera réduite à 1,000 francs si le libraire fait connaître l'imprimeur. (*Loi du* 21 *octobre* 1814, *art.*19.)

La peine de six jours à six mois d'emprisonement, prononcée par l'article 283 du Cod-pénal, s'il y avait eu mauvaise foi, serait encourue.

SECTION III. — RÈGLES SPÉCIALES A CERTAINES PUBLICATIONS.

Brochures politiques.

XLVI. Indépendamment du dépôt prescrit par la loi du 21 octobre 1814, tous écrits traitant de matières politiques ou d'économie sociale et ayant moins de dix feuilles d'impression autres que les journaux ou écrits périodiques, devront être déposés par l'imprimeur au parquet du procureur de la république du lieu de l'impression, vingt-quatre heures avant toute publication et distribution.

L'imprimeur devra déclarer, au moment du dépôt, le nombre d'exemplaires qu'il aura tirés.

Il sera donné récépissé de la déclaration.

Toute contravention aux dispositions du présent article sera punie, par le tribunal de police correctionnelle, d'une amende de 100 fr. à 500 fr. (*Loi du 27 juillet* 1849, *art.* 7.)

La loi du 11 mai 1868 a réduit à six feuilles la dimension jusqu'à laquelle les brochures sont soumises au timbre. Mais le dépôt spécial, dont il est question dans l'article ci-dessus, reste obligatoire jusqu'à dix feuilles.

XLVII. Les écrits non périodiques traitant de matières politiques ou d'économie sociale, qui ne sont pas actuellement en cours de publication, ou qui, antérieurement à la présente loi, ne sont pas tombés dans le domaine public, s'ils sont publiés en une ou plusieurs livraisons ayant moins de dix feuilles d'impression de vingt-cinq à trente-deux décimètres carrés, seront soumis à un droit de timbre de cinq centimes par feuille.

Il sera perçu un centime et demi par fraction en sus de dix décimètres carrés et au-dessus.

Cette disposition est applicable aux écrits non périodiques publiés à l'étranger. Ils seront, à l'importation, soumis aux droits de timbre fixés pour ceux publiés en France. (*Décret du 17 février 1812, art. 7.*)

Le nombre de dix feuilles d'impression des écrits non périodiques, prévu par l'article 9 du décret du 17 février 1852, est réduit à six et le droit de timbre abaissé à quatre centimes par feuille. (*Loi du 11 mai 1868, art. 3.*)

La loi de 1868, qui abroge le supplément de timbre quand la feuille dépasse la grandeur ordinaire, pour les journaux et revues, s'applique-t-elle aux brochures ? Cela semble rationnel.

Les mandements épiscopaux, traitant de matières politiques, sont dispensés du timbre quand ils sont imprimés dans le format ordinaire et destinés à être affichés ou lus en chaire. Ils sont soumis au droit commun, s'ils prennent la forme de brochures et sont mis en circulation en dehors du diocèse.

XLVIII. Chaque contravention sera punie, indépendamment de la restitution des droits prescrits, d'une amende égale au double des dits droits. Cette amende ne pourra, en aucun cas, être inférieure à 200 fr., ni dépasser en total 50,000 fr. (*Décret du 17 février 1852, art. 11.*)

Les préposés de l'enregistrement, les officiers de police judiciaire et les agents de la force publique saisissent les écrits publiés en contravention, dressent procès-verbal de la saisie, le signifient aux contrevenants dans les trois jours; le recouvrement des droits de timbre et des amendes est poursuivi par voie de contrainte, et les instances en cas d'opposition sont jugées conformément à l'article 76 de la loi du 28 août 1816. (*Décret du 17 février 1852 art. 10 et 12.*)

Les brochures politiques publiées à l'étranger sont frappées d'un timbre spécial par l'administration des postes comme les journaux étrangers.

Discours des députés.

LLIX. Tout membre du Corps législatif peut, après en avoir obtenu l'autorisation de l'assemblée, faire imprimer et distribuer à ses frais les discours qu'il a prononcés. L'impression et la distribution non autorisées seront punies d'une amende de 500 fr. à 5,000 fr. contre l'imprimeur et de 5 à 500 fr. contre les distributeurs. (*Décret du 22 mars 1852, art. 74.*)

Publication des lois et règlements.

L. Il est défendu à toutes personnes d'imprimer et débiter les sénatus-consultes, codes, lois et règlements d'administration publique, avant leur insertion et publication par la voie du Bulletin au chef-lieu de département. (*Décret du 6 juillet 1810, art. 1.*)

LI. Les éditions faites en contravention de l'article précédent seront saisies à la requéte de nos procureurs généraux, et la confiscation en sera prononcée par le tribunal de police correctionnelle. (*Décret du* 6 *juillet* 1810, *art.* 2.)

LII. Il est permis à tout imprimeur ou libraire d'imprimer et débiter les lois et ordonnances du royaume, aussitôt après leur publication officielle au Bulletin des lois. (*Ordonnance du* 12 *janvier* 1820, *art.* 3.)

Quelques auteurs pensent que le décret du 6 juillet 1810 est abrogé et que la défense faite par l'ordonnance du 12 janvier 1820 est dépourvue de sanction.

Gravures et publications illustrées.

LIII. Aucuns dessins, aucunes gravures, lithographies, médailles, estampes ou emblèmes, de quelque nature ou espèce qu'ils soient, ne pourront être publiés, exposés ou mis en vente sans l'autorisation préalable du ministre de la police à Paris, ou des préfets dans les départements.

En cas de contravention, les dessins, gravures, lithographies, médailles, estampes ou emblèmes pourront être confisqués et ceux qui les auront publiés seront condamnés à un emprisonnement d'un mois à un an, et à une amende de 100 fr. à 1,000 fr. (*Décret du 17 février 1852, art. 22.*)

La prohibition s'étend à tous dessins ou emblèmes sur quelque matière qu'ils soient reproduits. Elle s'applique aux gravures publiées dans l'intérieur des livres.

L'autorisation donnée par le ministre de l'intérieur suffit pour toute la France. Celle du préfet n'a de valeur que dans son département.

L'imprimeur et le graveur, s'ils ne sont pas éditeurs, ne peuvent être poursuivis que comme complices.

Pour publier le portrait ou la caricature d'une personne, il faut, outre l'autorisation générale de l'autorité administrative, l'autorisation de la personne dont on reproduit les traits. Pour éviter toute contestation, cette autorisation doit être donnée par écrit.

Expéditions de la cour de Rome et autres.

LIV. Aucune bulle, bref, rescrit, decret, mandat, provision, signature servant de provision, ni autres expéditions de la Cour de Rome, même ne concernant que les particuliers, ne pourront être reçus, publiés, imprimés, ni autrement mis à exécution, sans l'autorisation du gouvernement. (*Articles organiques du 18 germinal an X, art. 1.*)

LV. Les décrets des synodes étrangers, même ceux des conciles généraux, ne peuvent être publiés en France avant que le Gouvernement en ait examiné la forme, leur conformité aux lois, droits et franchises de la république française, et tout ce qui dans leur publication pourrait altérer ou intéresser la tranquillité publique. (*Articles organiques du* 18 *germinal an X, art.* 3.)

LVI. Aucune décision doctrinale ou dogmatique, aucun formulaire sous le titre de confession ou sous tout autre titre ne pourront être publiés ou devenir la matière de l'enseignement, avant que le gouvernement en ait autorisé la publication ou promulgation. (*Articles organiques des cultes protestants du* 18 *germinal an X, art.* 4.)

Livres d'Église.

LVII. Les livres d'Eglise, les heures et prières, ne pourront être imprimés ou réimprimés que d'après la permission donnée par les évèques diocésains ; laquelle permission sera textuellement rapportée et imprimée en tête de chaque exemplaire. (*Décret du* 7 *germinal an XIII, art.* 1.)

LVIII. Les imprimeurs-libraires qui feraient imprimer, réimprimer des livres d'Eglise, des heures ou prières sans avoir obtenu cette permission, seront poursuivis conformément à la loi du 19 juillet 1793. (*Decret du 7 germinal an XIII, art. 2.*)

Quelques auteurs soutiennent que le décret du 7 germinal an XIII a été abrogé par l'abolition des lois de la censure.

D'autres reconnaissent qu'il est toujours en vigueur, mais que le droit des évêques se borne à un droit d'autorisation générale des œuvres, qui ne peut pas concéder de privilége à aucun éditeur déterminé.

L'opinion le plus généralement admise est que les évêques peuvent accorder l'autorisation d'éditer les livres de piété à qui il leur plaît, et que les éditeurs qui l'ont obtenue ont le droit exclusif de faire cette publication.

Enfin certains jurisconsultes vont jusqu'à reconnaître aux évêques un véritable droit de propriété sur les livres d'église de leur diocèse. Mais cette opinion est difficile à soutenir. Les évêques ne sont propriétaires que des livres qu'ils ont composés.

Livres imprimés à l'étranger.

LIX. Tous les livres en langue française dont la propriété est établie à l'étranger, ou qui sont une édition étrangère d'ouvrages français tombés dans le domaine public, continueront de jouir du transit, et seront reçus à l'importation en acquittant les droits établis, et sous la condition de produire un certificat d'origine, relatant le titre de l'ouvrage, le lieu et la date de l'impression, le nombre des volumes, lesquels devront être brochés ou reliés, et ne pourront être présentés en feuille. (*Loi du* 6 *mai* 1841, *art.* 8.)

LX. Ce certificat d'origine sera souscrit par l'expéditeur, confirmé et dûment légalisé par l'autorité administrative du lieu de l'expédition. Il sera placé dans les colis au-dessus des livres auxquels il se rapporte de façon à être clairement aperçu. (*Ordonnance du* 13 *décembre* 1842, *art.* 1.)

Les droits sont déterminés par les divers traités de commerce. Aucune formalité n'est exigée pour l'exportation en pays étranger. Il suffit d'une déclaration indiquant la contenance, le poids et la valeur de la marchandise exportée. Pour l'exportation en Espagne, il faut de plus le certificat d'origine certifié par l'expéditeur et visé à Paris, au bureau de la propriété littéraire, et dans les départements, au secrétariat de la préfecture.

LXI. Les livres venant de l'étranger, en quelque langue qu'ils soient, ne pourront être présentés à l'importation ou au transit que dans les bureaux de douanes, qui seront désignés par une ordonnance du roi.

Dans le cas où des présomptions, soit de contrefaçon, soit de condamnation judiciaire, seront élevées sur les livres présentés, l'admission sera suspendue, les livres seront retenus à la douane, et il en sera référé au ministre de l'intérieur, qui devra prononcer dans le délai de quarante jours.

Les dispositions contenues en cet article sont applicables à tous les ouvrages dont la reproduction a lieu par les procédés de la typographie, de la lithographie et de la gravure. (*Loi du* 6 *mai* 1841, *art*. 8.)

LXII. Les livres destinés pour Paris et les dessins, gravures, lithographies et estampes ayant la même destination, seront, après simple reconnaissance sommaire aux bureaux-frontières, dirigés sous double plomb et par acquit à caution, sur les bureaux du ministre de l'intérieur, où les colis les renfermant ne seront ouverts et vérifiés qu'en présence des employés des douanes délégués à cet effet. Ceux-ci signeront, conjointement avec les agents du ministre de l'intérieur, les certificats de vérification.

L'enlèvement des livres, dessins, gravures, lithographies et estampes ne sera permis qu'après que les droits auront été payés et garantis. (*Ordon. du* 13 *décembre* 1842, *art.* 4.)

LXIII. Nulle édition, ou partie d'édition imprimée en France, ne pourra être réimportée qu'en vertu d'une autorisation expresse du ministre de l'intérieur, accordée sur la demande de l'éditeur, qui, pour l'obtenir, devra justifier du consentement donné à la réimportation par les ayant-droit. (*Loi du* 6 *mai* 1841, *art.* 8.)

LXIV. La demande en réimportation des livres spécifiés dans l'article qui précède fera connaître le nom et la résidence de l'expéditeur, ainsi que le bureau de douanes par lequel l'introduction aura eu lieu ; elle sera accompagnée d'une liste certifiée par le pétitionnaire et indiquant : 1° le titre de l'ouvrage ; 2° le nom de l'auteur, s'il est connu ; 3° le nom et la demeure de l'éditeur ; 4° le nom et la demeure de l'imprimeur ; 5° la date de l'impression ; 6° le format ; 7° le nombre d'exemplaires.

Les livres servant d'échantillons pourront être réimportés sans autorisation préalable, lorsqu'ils auront été estampillés à la douane de sortie et qu'il n'en sera présenté à la réimportation qu'un seul exemplaire de chaque espèce. (*Ordon. du 13 décembre* 1842, *art.* 6.)

LXV. Les contrefaçons de librairie sont exclues du transit accordé aux marchandises prohibées. (*Loi du 6 mai* 1841, *art.* 8.)

CHAPITRE II.

De la presse périodique.

SECTION 1re.—DE LA PUBLICATION DES JOURNAUX ET REVUES.

Suppression de l'autorisation.

LXVI. Tout Français majeur et jouissant de ses droits civils et politiques peut, sans autorisation préalable, publier un journal ou écrit périodique paraissant soit régulièrement ou à jour fixe, soit par livraisons et irrégulièrement. (*Loi du 11 mai 1868, art. 1.*)

L'étranger naturalisé jouit de tous les droits accordés aux Français; il pourrait donc publier un journal. La question est plus douteuse pour l'étranger qui n'est qu'autorisé à résider en France ; car il ne jouit pas des droits politiques. Cependant la publication d'un journal n'est pas l'exercice d'un droit politique.

LXVII. Les gérants de journaux seront autorisés à établir une imprimerie exclusivement destinée à l'impression du journal. (*Loi du* 11 *mai* 1868, *art.* 14).

De la Déclaration.

LXVIII. Aucun journal ou écrit périodique ne peut être publié s'il n'a été fait, à Paris à la préfecture de police, et dans les départements à la préfecture, et quinze jours au moins avant la publication, une déclaration contenant :

1° Le titre du journal ou écrit périodique et les époques auxquelles il doit paraître ;

2° Le nom, la demeure et les droits des propriétaires autres que les commanditaires ;

2° Le nom et la demeure du gérant ;

4° L'indication de l'imprimerie où il doit être imprimé.

Toute mutation dans les conditions ci-dessus énumérées est déclarée dans les quinze jours qui la suivent.

Toute contravention aux dispositions du présent article est punie des peines portées dans l'article 5 du décret du 17 février 1852. (*Loi du* 11 *mai* 1868, *art.* 2.)

Ces peines sont une amende de 100 fr. à 2,000 pour chaque numéro et livraison publiés en contravention et un emprisonnement d'un mois à deux ans. Le journal cessera de paraître.

Les déclarations sont imposées à tous les journaux ou écrits périodiques soumis ou non, au cautionnement.

S'il y a un titre et des sous-titres, tous doivent être donnés. S'il est fait une addition, une suppression ou un changement même dans un sous-titre, ils doivent être déclarés.

Le journal peut paraître à périodes irrégulières; il suffit dans ce cas d'indiquer cette circonstance. Tout changement dans les époques de publication doit également être indiqué.

Si l'entreprise est en Société anonyme, les noms des actionnaires ne sont pas déclarés.

L'article 2 de la loi de 1868, que nous venons d'expliquer, abroge tacitement les dispositions de l'article 6 de la loi du 18 juillet 1828 qu'il reproduit en les modifiant. Nous donnons plus loin, les paragraphes de cet article qui sont encore en vigueur.

LXIX. Ces déclarations seront accompagnées du dépôt des pièces justificatives: elles seront signées par chacun des propriétaires du journal ou écrit périodique, ou par le fondé de pouvoirs de chacun d'eux. Elles seront reçues à Paris à la direction de la librairie, *maintenant à la préfecture de police*, et, dans les départements, au secrétariat général de la préfecture. (*Loi du 18 juillet 1828, art. 7.*)

Les pièces justificatives sont :

1º Le reçu du Trésor attestant le versement du cautionnement;

2º L'expédition de l'acte de société;

3º L'acte de naissance des gérants;

4º L'acte de leur nomination :

5º La justification de leur part de propriété.

LXX. En cas de contestation sur la régularité ou la sincérité de la déclaration prescrite par l'article 6 (*maintenant par l'article 2 de la loi de* 1868) et des pièces à l'appui, il sera statué par les tribunaux, à la diligence du préfet, sur mémoire, sommairement et sans frais, la partie ou son défenseur et le ministère public entendus.

Si le journal n'a point encore paru, il sera sursis à la publication jusqu'au jugement à intervenir, lequel sera exécutoire nonobstant appel. (*Loi du* 18 *juillet* 1828, *art.* 10.)

Cet article prévoit une contestation antérieure à la publication. En ce cas, ce sont les tribunaux civils, saisis par le préfet, qui statuent, et ils ne peuvent prononcer aucune peine.

La contestation du préfet suffit pour arrêter la publication jusqu'à ce qu'il ait été statué par le tribunal.

LXXI. Si la déclaration prescrite par l'article 6 (*maintenant par l'article* 2 *de la loi de* 1868) est reconnue fausse et frauduleuse en quelqu'une de ses parties, le journal cessera de paraître. Les auteurs de la déclaration seront punis d'une amende dont le minimum sera d'une somme égale au dixième, et le maximum d'une somme égale à la moitié du cautionnement. (*Loi du* 18 *juillet* 1828, *art.* 11.)

Cet article prévoit une contestation postérieure à la publication, car il n'y a délit qu'autant que la déclaration fausse a été suivie de publication. En ce cas, c'est le tribunal correctionnel qui est compétent; saisi par le ministère public, il apprécie la sincérité de la déclaration et peut seul prononcer l'amende.

Du cautionnement.

LXXII. Les propriétaires de tout journal ou écrit périodique traitant de matières politiques ou d'économie sociale sont tenus, avant sa publication, de verser au trésor un cautionnement en numéraire, dont l'intérêt sera payé au taux réglé pour les cautionnements. (*Décret du* 17 *février* 1852, *art.* 3.)

On entend par un écrit périodique, toute publication successive et continue, paraissant à des périodes même irrégulières et formant un ensemble par son titre, son esprit et son plan.

Les expressions, matières politiques, désignent toutes les études et discussions qui ont trait au gouvernement des états et à l'administration. Elles s'appliquent non-seulement aux études de politique générale, mais à la discussion pratique des actes d'un fonctionnaire ou d'une administration centrale ou locale. Elles comprennent les théories, les documents, les faits, les nouvelles. Il a été jugé que la critique du mode d'élection des juges consulaires, un article d'une revue théâtrale sur l'organisation administrative des théâtres, une discussion du droit des préfets de désigner les journaux pour les annonces judiciaires, se rattachent aux matières politiques. Un journal sans cautionnement ne pourrait pas reproduire les débats d'une affaire politique, ni le discours d'un magistrat sur des matières politiques. Mais il pourrait reproduire les lois, ordonnances ou décrets déjà promulgués sans appréciations ni commentaires, et les débats judiciaires des affaires non politiques.

L'économie sociale comprend tout ce qui se rattache aux intérêts des populations, à la condition morale de certaines classes de la société, aux principes généraux du commerce et de l'industrie. Elle peut consister en théories, ou en documents composés de chiffres et de faits.

Des études purement professionnelles et techniques sur une industrie ou un commerce déterminé, pourraient être faites dans un journal spécial publié sans cautionnement.

Le cautionnement devra être fourni par les propriétaires, mais la pratique admet qu'il soit fourni par des tiers, sauf l'obligation imposée au gérant d'en posséder au moins le quart.

Un journal a souvent plusieurs éditions : pour le soir et pour le matin, pour Paris et pour la province. Bien qu'il y ait entre elles de légères différences, nous croyons qu'un seul cautionne·ment suffit. S'il y avait une édition quotidienne et une édition semi-quotidienne, une édition de la semaine et une édition du dimanche, faudrait-il voir là deux journaux différents et devrait-on fournir deux cautionnements? Question d'appréciation et de circonstance.

Le cautionnement est versé au ministère des finances à Paris, chez les receveurs généraux dans les départements.

LXXIII. Pour les départements de la Seine, de Seine-et-Oise, de Seine-et-Marne et du Rhône, le cautionnement est fixé ainsi qu'il suit :

Si le journal ou écrit périodique paraît plus de trois fois par semaine, soit à jour fixe, soit par livraisons irrégulières, le cautionnement sera de cinquante mille francs (50,000 fr.).

Si la publication n'a lieu que trois fois par semaine ou à des intervalles plus éloignés, le cautionnement sera de trente mille francs (30,000 fr.).

Dans les villes de cinquante mille âmes et au-dessus, le cautionnement des journaux ou écrits périodiques paraissant plus de trois fois par semaine sera de vingt-cinq mille francs (25,000 fr.).

Il sera de quinze mille francs dans les autres villes, et, respectivement, de moi-

tié de ces deux sommes pour les journaux
ou écrits périodiques paraissant trois fois
par semaine ou à des intervalles plus
éloignés. (*Décret du 17 février 1852,
art. 4.*).

Si le journal paraît régulièrement de deux
jours l'un, on exige un cautionnement de
50,000 francs.

L'administration prétend que c'est le lieu de
l'impression et non celui de la publication qui
détermine le chiffre du cautionnement et du
timbre. D'où il résulterait qu'un journal imprimé à Rouen et paraissant à Paris ne paierait
que 25,000 fr. de cautionnement et 2 centimes
de timbre.

LXXIV. Avant toute publication d'un
journal ou écrit périodique soumis au
cautionnement par les dispositions de la
loi du 18 juillet 1828, il sera justifié au
procureur impérial du lieu de l'impression, du versement du cautionnement
auquel ce journal ou écrit périodique est
soumis, et de la déclaration prescrite par
l'art. 6 de ladite loi. Le procureur impérial donnera acte sur-le-champ de cette
justification, et en tiendra registre. (*Ordonnance du 29 juillet 1828, art. 1.*)

Le cautionnement doit être fourni avant la
publication. Il doit rester affecté pendant trois
mois après la cessation de la gérance à la ga-

rantie des faits du gérant. Il ne pourrait donc
pas, en cas de mutation du gérant, être fourni
par la cession du cautionnement du gérant à
son successeur.

LXXV. Toute publication de journal ou
écrit périodique sans autorisation préalable, sans cautionnement ou sans que le
cautionnement soit complété, sera punie
d'une amende de 100 fr. à 2,000 fr. pour
chaque numéro ou livraison publiés en
contravention, et d'un emprisonnement
d'un mois à deux ans.

Celui qui aura publié le journal ou
écrit périodique et l'imprimeur seront
solidairement responsables.

Le journal ou écrit périodique cessera
de paraître. (*Décret du 17 février 1852,
art. 5.*)

L'autorisation ayant été remplacée par la déclaration, la publication du journal sans déclaration préalable constitue la contravention.
C'est ce que porte l'article 2 de la loi de 1868.

La contravention n'existe que si le journal
est soumis à la nécessité d'une déclaration et
d'un cautionnement, c'est-à-dire s'il publie des
articles de politique ou d'économie sociale. Mais
la publication d'un seul de ces articles suffirait
pour entraîner la peine.

Cette infraction est une contravention. La
mauvaise foi n'est pas nécessaire pour la constituer.

L'interdiction de paraître est prononcée par

4.

le tribunal, mais elle est obligatoire et le tribunal ne peut pas se dispenser de la prononcer.

De la gérance.

LXXVI. En cas d'association, la société devra être l'une de celles qui sont définies et régies par le Code de commerce. .

Hors le cas où le journal serait publié par une société anonyme, les associés seront tenus de choisir entre eux un, deux ou trois gérants, qui, aux termes des art. 22 et 24 du Code de commerce, auront chacun individuellement la signature.

Si l'un des gérants responsables vient à décéder ou à cesser ses fonctions par une cause quelconque, les propriétaires seront tenus, dans le délai de deux mois, de le remplacer ou de réduire, par un un acte revêtu des mêmes formalités que celui de société, le nombre de leurs gérants. Ils auront aussi, dans les limites ci-dessus déterminées, le droit d'augmenter ce nombre en remplissant les mêmes formalités. S'ils n'en avaient constitué qu'un seul, ils seront tenus de le remplacer dans les quinze jours qui suivront son décès; faute par eux de le faire, le journal ou écrit périodique cessera de paraître, à peine de 1,000 fr. d'amende par chaque feuille ou livraison qui serait

publiée après l'expiration de ce délai.
(*Loi du* 18 *juillet* 1828, *art.* 4.)

Toutes les formes de Société admises par le
droit commercial peuvent être employées à la
fondation d'un journal : Société en nom collectif,
Société en commandite, Société anonyme. Nous
croyons même que l'on pourrait adapter à cet
objet les associations en participation réglées
par les articles 47 et suivants du Code de commerce, et les Sociétés à capital variable, organisées par la loi du 29 juillet 1867. Le droit
commun permet à tout le monde de faire
usage des contrats. Le contrat de Société dans
tous ses types est à la disposition de toutes les
entreprises, et les lois de la presse n'apportent
à ce principe aucune restriction.

A tout journal fondé par une société il faut
un gérant responsable. Dans une société anonyme, les administrateurs en tiennent lieu.
(Voy. n°LXXXII.)

Les propriétaires ont quinze jours pour remplacer un gérant s'il est unique ; ils ont deux
mois s'il y a plusieurs gérants. Nous croyons
que ces délais s'appliquent, quelque soit la cause
de la cessation des fonctions au gérant : décès,
empêchement de force majeure, ou retraite vo-
lontaire. La Cour de Metz, par arrêt du 3 juillet
1850, a jugé que les délais ne sont applicables
qu'au cas de force majeure ; mais elle ajoute
à la loi qui s'exprime en termes généraux.

LXXVII. Chacun des gérants responsables devra avoir les qualités requises par
l'article 980 du Code Napoléon, être pro
priétaire au moins d'une part ou action

dans l'entreprise, et posséder, en son propre et privé nom, un quart au moins du cautionnement. (*Loi du* 18 *juillet* 1828, *art.* 5, § 2.)

Les qualités requises par l'article 980 du Code Napoléon sont celles de mâle, majeur, sujet de l'Empereur, et jouissant des droits civils.

On pourrait soutenir que cet article a été abrogé au moins partiellement et que le gérant n'est plus obligé de posséder le quart du cautionnement ; mais l'administration l'a toujours appliqué.

LXXVIII. Dans le cas où l'entreprise aurait été formée par une seule personne, le propriétaire, s'il réunit les qualités requises par le paragraphe 2 de l'article 5. sera en même temps le gérant responsable du journal. Dans le cas contraire, il sera tenu de présenter un gérant responsable, conformément à l'article 5. (*Loi du* 18 *juillet* 1828, *art.* 6.)

En général, il n'y a de gérant que s'il y a Société. Cependant un propriétaire unique est tenu d'avoir un gérant s'il est lui-même, pour une cause quelconque, incapable d'en remplir les fonctions.

Depuis la loi de 1868, ce gérant n'a plus besoin d'être présenté à l'acceptation du gouvernement. Il suffit que son nom soit déclaré.

LXXIX. En cas de condamnation du

gérant pour crime, délit ou contravention
de la presse, la publication du journal ou
écrit périodique ne pourra avoir lieu,
pendant toute la durée des peines d'emprisonnement et d'interdiction des droits
civiques et civils, que par un autre gérant remplissant toutes les conditions
exigées par la loi. Si le journal n'a qu'un
gérant, les propriétaires auront un mois
pour en présenter un nouveau, et, dans
l'intervalle, ils seront tenus de désigner
un rédacteur responsable. Le cautionnement entier demeurera affecté à cette responsabilité. (*Loi du* 27 *juillet* 1849, *art.* 14.)

Il a été jugé que le gérant ne pouvait pas de
sa prison continuer à prendre une part active
à la direction de son journal.

La publication d'un numéro portant la signature d'un gérant, ne remplissant pas les conditions de la loi, pendant que le gérant véritable
est en prison, ne constituerait pas, à notre avis,
le fait de la publication d'un journal sans gérant, puni par l'article 4 de la loi du 18 juillet
1828, d'une amende de 1,000 francs et de la suppression du journal. Elle constituerait le fait de
publication d'un numéro non signé, puni par
l'article 8 de la même loi d'une simple amende
de 500 francs.

Le propriétaire n'est plus tenu à présenter ce
gérant à l'acceptation du gouvernement. Il lui
suffit d'en déclarer le nom.

LXXX. Dans le cas où un journal o

écrit périodique est établi ou publié par un seul propriétaire, si ce propriétaire vient à mourir, sa veuve ou ses héritiers auront un délai de trois mois pour présenter un gérant responsable; ce gérant devra être propriétaire d'immeubles libres de toute hypothèque et payant au moins 500 fr. de contributions directes, si le journal est publié dans les départements de la Seine, de Seine-et-Oise et de Seine-et-Marne, et 150 fr. dans les autres départements.

Le gérant que la veuve ou les héritiers seront admis à présenter devra réunir les conditions requises par l'art. 980 du Code Napoléon, *c'est-à-dire être mâle, majeur, sujet de l'Empereur, jouissant de ses droits civils.*

Dans les dix jours du décès, la veuve ou les héritiers seront tenus de présenter un rédacteur, qui sera responsable du journal jusqu'à ce que le gérant ait été accepté.

Le cautionnement du propriétaire décédé demeurera affecté à la gestion. (*Loi du 18 juillet* 1828, *art.* 12.)

Pendant les dix jours qui suivent le décès, le journal peut continuer à paraître sous la responsabilité de la veuve ou des héritiers du propriétaire.

Le rédacteur désigné pour prendre la responsabilité du journal jusqu'à l'acceptation du gérant n'a pas besoin de remplir d'autres conditions que celles de l'article 980 du Code Napoléon. Depuis la loi de 1868, il n'est plus présenté à l'acceptation du gouvernement. Son nom est seulement déclaré.

Le gérant doit de plus être propriétaire d'immeubles de l'importance ci-dessus indiquée. Mais il n'est évidemment astreint à cette condition que lorsqu'il ne remplit pas celle de l'article 5 de la loi du 18 juillet 1828. Car s'il était propriétaire d'une part de l'entreprise et d'un quart du cautionnement, l'obligation de posséder des immeubles deviendrait superflue, et il rentrerait dans la condition ordinaire de tous les gérants. Ainsique nous l'avons dit pour le rédacteur, le gérant n'est plus présenté à l'acceptation du gouvernement, il est seulement déclaré.

LXXXI. Les gérants responsables, ou l'un ou deux d'entre eux, surveilleront et dirigeront par eux-mêmes la rédaction du journal ou écrit périodique. (*Loi du 18 juillet* 1828. *art.* 5, § 1ᵉʳ.)

Le gérant étant responsable de tous les articles publiés dans son journal, ne peut pas être tenu de publier les articles de ses rédacteurs, même ceux du rédacteur en chef, s'il les juge délictueux, et quand bien même il serait lié envers ces rédacteurs par un traité. Mais il ne peut ni modifier, ni mutiler un article sans le consentement de son auteur.

En outre, si son refus de publier n'était pas fondé sur des motifs suffisants, il pourrait donner lieu à des dommages-intérêts.

De la signature et du dépôt.

LXXXII. Chaque numéro de l'écrit périodique sera signé en minute par le propriétaire, s'il est unique ; par l'un des gérants, si l'écrit périodique est publié par une société en nom collectif ou en commandite ; et par l'un des administrateurs, s'il est publié par une société anonyme.

L'exemplaire signé pour minute sera, au moment de la publication, déposé au parquet du procureur du roi du lieu de l'impression, ou à la mairie dans les villes où il n'y a pas de tribunal de première instance, à peine de 500 fr. d'amende contre les gérants. Il sera donné récépissé du dépôt.

La signature sera imprimée au bas de tous les exemplaires, à peine de 500 fr. d'amende contre l'imprimeur, sans que la révocation du brevet puisse s'ensuivre.

Les signataires de chaque feuille ou livraison seront responsables de son contenu et passibles de toutes les peines portées par la loi, à raison de la publication des articles ou passages incriminés, sans préjudice de la poursuite contre l'auteur ou les auteurs des dits articles ou passages, comme complices. En conséquence, les poursuites judiciaires pourront être dirigées tant contre les signataires des feuilles ou livraisons que contre l'auteur ou les auteurs des passages incriminés, si ces auteurs peuvent être connus ou mis en cause. (*Loi du 18 juillet 1828, art.* 8.)

La loi de 1868 exige un double dépôt. (*Voy.* n° LXXXIV.)

La signature des exemplaires déposés doit être autographe.

Il a été jugé qu'elle ne devait être donnée que sur la feuille imprimée et non pas sur la feuille en blanc à l'avance; tout au moins le signataire ne pourrait pas alléguer cette circonstance pour échapper à la responsabilité.

La signature des autres exemplaires est imprimée.

Elle doit être placée au bas du journal et au-dessous des annonces.

Le gérant est responsable de tous les articles insérés dans le journal qu'il a signé, qu'il ait ou non participé à leur rédaction. Il ne peut être disculpé ni par l'ignorance où il était de leur contenu, ni par son absence ou la maladie.

Il a été jugé qu'il pouvait être condamné pour la reproduction d'un article déjà publié dans un autre journal et non poursuivi.

Le gérant est responsable des articles d'un numéro non signé, ou signé par une personne qui n'a pas qualité pour le faire. Mais s'il y a plusieurs gérants, chacun d'eux n'est pas responsable des numéros signés par les autres.

LXXXIII. Aucun journal ou écrit pé-

riodique ne pourra être signé par un
membre du Sénat ou du Corps législatif
en qualité de gérant responsable. En cas
de contravention, le journal sera considéré comme non signé, et la peine de
500 à 3,000 francs d'amende sera prononcée contre les imprimeurs et propriétaires. (*Loi du 11 mai 1868, art. 8.*)

Les membres du Corps législatif et du Sénat
peuvent écrire dans les journaux et y signer
des articles; ils peuvent en être rédacteurs en
chefs ou directeurs politiques. Ils peuvent en
être propriétaires même exclusifs. La loi ne
leur interdit que de signer le journal en qualité de gérants responsables.

LXXXIV. Au moment de la publication
de chaque feuille ou livraison du journal ou écrit périodique, il sera remis à
la préfecture pour les chefs-lieux de département, à la sous-préfecture pour ceux
d'arrondissement, et, pour les autres
villes, à la mairie, deux exemplaires signés du gérant responsable ou de l'un
d'eux, s'il y a plusieurs gérants respon-
sibles.

Pareil dépôt sera fait au parquet du
procureur impérial ou à la mairie, dans
les villes où il n'y a pas de tribunal de
première instance.

Ces exemplaires sont dispensés du

droit de timbre. (*Loi du* 11 *mai* 1868, *art.* 7.)

Cette formalité ne pourra ni retarder ni suspendre le départ ou la distribution du journal ou écrit périodique (*Loi du* 9 *juin* 1819, *art.* 5.)

A Paris, deux exemplaires sont déposés au ministère de l'intérieur et deux au parquet.

Quand le journal est tiré à deux ou trois éditions, il faut un double ou un triple dépôt ; ainsi pour un journal qui aurait une édition de Paris, une édition de province, et une édition semi-quotidienne, il faudrait déposer douze exemplaires de chaque numéro.

LXXXV. Les exemplaires signés pour minute seront déposés..... à peine de 500 fr. d'amende contre les gérants. Il sera donné récépissé du dépôt. (*Loi du* 18 *juillet* 1828, *art.* 8.)

La loi de 1868 ne modifie cet article que relativement au nombre des exemplaires déposés. La signature et le dépôt des minutes sont deux formalités indivisibles dont l'omission ne constitue qu'une contravention.

De la signature des articles.

LXXXVI. Tout article de discussion politique, philosophique ou religieuse, inséré dans un journal, devra être signé par son auteur, sous peine d'une amende de 500 fr. pour la première contravention, et de 1,000 fr. en cas de récidive.

5..

Toute fausse signature sera punie d'une amende de 1,000 fr. et d'un emprisonnement de six mois, tant contre l'auteur de la fausse signature que contre l'auteur de l'article et l'éditeur responsable du journal. (*Loi du* 16 *juillet* 1850, *art.* 3.)

LXXXVII. Les dispositions de l'article précédent seront applicables à tous les articles, quelle que soit leur étendue, publiés dans des feuilles politiques ou non politiques, dans lesquels seront discutés des actes ou opinions des citoyens, et des intérêts individuels ou collectifs. (*Loi du* 16 *juillet* 1850, *art.* 4.)

La signature doit consister dans le nom en toutes lettres de l'auteur de l'article apposé au bas de cet article.

La signature est nécessaire, que l'article soit sous forme de discussion, de dialogue, de compte-rendu ou de correspondance.

La reproduction d'un article emprunté à un autre journal ne dispense pas de mettre au bas de cet article le nom de son auteur; mais si l'article est emprunté à un journal étranger, l'indication du nom du journal suffit.

La signature est aussi nécessaire dans les journaux non politiques que dans les autres. En sont dispensés : les lettres qui racontent des faits, sans discussion politique, philosophique ni religieuse, les articles nécrologiques, les entre-filets et les nouvelles.

L'article doit être signé par celui qui le rédige et non par celui qui l'inspire ou qui en fournit les matériaux. Une lettre remaniée et analysée par le journaliste doit être signée par ce dernier.

Le délit de défaut de signature ne s'impute qu'au gérant, et non à l'auteur qui n'y a pas participé.

Le délit de fausse signature ne s'impute pas à l'auteur qui n'a pas pris part à la fraude, ni au gérant, s'il s'est renseigné, mais qu'il ait été induit en erreur.

La publication de plusieurs articles dépourvus de signature ne donne pas lieu à un cumul de peines.

Les circonstances atténuantes sont applicables.

LXXXVIII. La publication par un journal ou écrit périodique d'un article signé par une personne privée de ses droits civils et politiques, ou à laquelle le territoire de France est interdit, est punie d'une amende de 1,000 fr. à 5,000 fr., qui sera prononcée contre les éditeurs ou gérants dudit journal ou écrit périodique, (*Loi du 11 mai* 1868, *art.* 9.)

La publication de tout article traitant de matières politiques ou d'économie sociale, et émanant d'un individu condamné à une peine afflictive et infamante, ou infamante seulement, est interdite.

Les éditeurs, gérants, imprimeurs qui auront concouru à cette publication seront condamnés solidairement à une amende de 1,000 fr. à 5,000 fr. (*Décret du* 17 *février* 1852, *art.* 21.)

On peut soutenir que cet article est remplacé par l'article ci-dessus qui en étend les dispositions,

5.

LXXXIX. Il est formellement interdit aux militaires de tous grades et de toutes armes, en activité de service, de publier leurs idées ou leurs réclamations soit dans des journaux, soit dans des brochures sans la permission de l'autorité supérieure.

Les militaires de la gendarmerie qui veulent faire imprimer un écrit doivent donc en demander l'autorisation au ministre, lequel accorde ou refuse, suivant qu'il le juge convenable.

Ceux qui contreviennent à cette prescription se mettent dans le cas d'être puni sévèrement. (*Décret du* 1er *mars* 1854, *art.* 642.)

Ce décret est relatif à l'organisation et au service de la gendarmerie.

Du timbre.

XC. Les journaux ou écrits périodiques et les recueils périodiques de gravures ou lithographies politiques de moins de dix feuilles de vingt-cinq à trente-deux décimètres carrés, ou de moins de cinq feuilles de cinquante à soixante-douze décimètres carrés seront soumis à un droit de timbre.

Ce droit sera de six centimes (*aujour-*

d'hui de cinq centimes d'après l'article ci-dessous) par feuille de soixante-douze décimètres carrés et au-dessous, dans les départements de la Seine et de Seine-et-Oise, et de trois centimes (*aujourd'hui de deux centimes*) pour les journaux, gravures ou écrits périodiques publiés partout ailleurs.

Pour chaque fraction en sus de dix centimètres carrés et au-dessous, il sera perçu un centime et demi dans les départements de la Seine et de Seine-et-Oise, et un centime partout ailleurs (*Abrogé par l'article ci-dessous.*)

Les suppléments du journal officiel, quelque soit leur nombre, sont exempts du timbre. (*Décret du 17 février* 1852, *art.* 6.)

Le droit de timbre, fixé par l'art. 6 du décret du 17 février 1852, est réduit à cinq centimes dans les départements de la Seine et de Seine-et-Oise, et à deux centimes ailleurs.

Le paragraphe 3 de l'art. 6 du décret du 17 février 1852 est abrogé. (*Loi du 11 mai* 1868, *art.* 3.)

La loi de 1868 abaisse donc le timbre d'un centime. En abrogeant le paragraphe 3 de l'article 6 du décret de 1852, elle décide qu'il n'est plus dû de supplément de timbre quand même les feuilles d'impression excéderaient la grandeur ordinaire.

XCI. Une remise de un pour cent sur le timbre sera accordée aux éditeurs de journaux et écrits périodiques pour déchets de maculatures. (*Décret du* 17 *février* 1852, *art.* 7.)

XCII. Sont considérées comme suppléments et assujetties au timbre ainsi que le journal lui-même, s'il n'est déjà timbré, les feuilles contenant des annonces, lorsqu'elles servent de couverture au journal ou qu'elles y sont annexées, ou lorsque publiées séparément, elles sont néanmoins distribuées ou vendues en même temps. (*Loi du* 11 *mai* 1868, *art.* 4.)

Voici les règles du timbre des annonces:

Les affiches contenant des annonces sont frappées d'un timbre proportionnel à leur dimension (*Voy. n°* CXXVIII.)

Les avis imprimés et distribués étaient également soumis au timbre ; seulement les lois du 25 mars 1817 et du 15 mai 1818, en avaient dispensé les annonces, prospectus et catalogues consacrés, soit aux ouvrages de librairie, soit aux arts et aux sciences. Aujourd'hui en sont dispensés d'une manière générale tous les avis imprimés qui se crient et se distribuent dans les rues ou que l'on fait circuler de toute autre façon. (*Loi du* 27 *juin 1857, art.* 12).

Il a été décidé par la jurisprudence que le bénéfice de cette dispense ne s'étend pas aux annonces publiées dans les journaux. Les annonces entraînent l'obligation de timbrer le journal, s'il n'est déjà timbré. Le timbre dû sera le timbre ordinaire, abaissé par la loi de 1868 à 5 ou à 2 centimes par numéro. Cependant la jurisprudence a décidé également que les journaux spéciaux, littéraires, agricoles, scientifiques, peuvent publier des annonces de leur spécialité, sans être soumis au timbre. (*Voy.* n° xcv.) La loi nouvelle ne change rien à sa décision. L'article ci-dessus ne fait que l'étendre aux suppléments des journaux.

Les annonces imprimées sur la couverture des livres, ou annexées à ces livres comme feuilles supplémentaires ne sont pas sujettes au timbre, quand même elles ne seraient ni littéraires, ni scientifiques. Nous croyons que la même dispense doit être étendue aux annonces annexées aux revues politiques qui sont dispensées du timbre à cause de la grosseur de leur format. Ces revues doivent être assimilées aux livres et non pas aux journaux.

XCIII. Sont exempts du timbre et des droits de poste les suppléments des journaux ou écrits périodiques assujettis au cautionnement, lorsque ces suppléments ne comprennent aucune annonce, de quelque nature qu'elle soit et quelque place qu'elle y occupe, et que la moitié au moins de leur superficie est consacrée à la reproduction des documents énumérés en l'article 1er de la loi du 2 mai 1861. (*Loi du* 11 *mai* 1868, *art.* 5.)

C'est-à-dire... soit à la publication des débats législatifs, reproduits par la sténographie ou par le compte rendu conformément à l'art. 42 de la Constitution, soit à l'insertion des exposés de motifs de projets de loi ou de sénatus-consultes, des rapports de commissions et des documents officiels déposés au nom du Gouvernement sur le bureau du Sénat et du Corps législatif.

Pour jouir de l'exemption sus-énoncée, les suppléments doivent être publiés sur feuilles détachées du journal.

La même exemption s'appliquera aux suppléments des journaux non quotidiens des départements autres que ceux de la Seine et de Seine-et-Oise publiés en dehors des conditions de périodicité déterminés par leur cautionnement et leur déclaration. (*Loi du* 2 *mai* 1861, *art* 1er.)

XCIV. Sont exemptes de timbre toutes autres publications périodiques exclusivement consacrées aux matières indiquées dans l'article précédent. (*Loi du* 2 *mai* 1861, *art.* 2.)

XCIV. Sont exempts du droit de timbre les journaux et écrits périodiques et non périodiques exclusivement relatifs aux lettres, aux sciences, aux arts et à l'agriculture. (*Loi du* 28 *mars* 1852, *art.* 1.)

On comprend sous le nom de journaux littéraires ceux qui s'occupent de faits, d'actualité, de critique contemporaine.

Tous ces journaux ne sont exempts du timbre qu'à la condition de ne pas faire d'annonces. Si, au contraire, ils insèrent des annonces, le timbre est obligatoire.

Cependant, des annonces spéciales à l'objet auquel les journaux sont consacrés, annonces de librairie pour des journaux littéraires, annonces agricoles pour ceux qui s'occupent d'agriculture ne leur font pas perdre le bénéfice de l'exemption du timbre, à la condition que ces annonces ne fassent pas l'objet principal de de la publication.

On appliquerait la même règle pour les annonces et la même exemption pour les annonces spéciales aux revues littéraires et scientifiques qui ne seraient pas dispensées de timbre par la grosseur de leur format. Nous croyons que des revues de plus de six feuilles d'impression, politiques ou autres, peuvent, comme les livres, insérer des annonces sans être soumises au timbre.

Des journaux exclusivement consacrés aux annonces et aux affiches doivent être timbrés. Il en serait de même du bulletin d'une société ou entreprise commerciale ayant pour but de tenir les associés au courant des progrès de l'entreprise. Une pareille publication ne saurait être considérée comme scientifique.

XCVI. Ceux de ces journaux et écrits qui, même accidentellement, s'occuperaient de matières politiques ou d'économie sociale seront considérés comme étant en contravention aux dispositions du décret du 17 février 1852 et seront passibles des peines établies par les articles 5 et 11 du décret. (*Loi du* 28 *mars* 1852, *art.* 2.)

L'article 5 punit la publication d'un journal ou écrit périodique s'occupant de matières politiques sans avoir fourni le cautionnement, d'une amende de 100 fr. à 2,000 pour chaque numéro ou livraison publié en contravention et d'un emprisonnement d'un mois à deux ans. De plus, le journal ou écrit périodique cessera de paraître. Ce sont ces peines qu'on applique aux journaux et écrits périodiques littéraires qui s'occupent accidentellement de matières politiques.

L'article 11 punit toute contravention aux dispositions du décret du 17 février 1852 commise dans un écrit non périodique, indépendamment de la restitution des droits frustrés, d'une amende égale au double desdits droits. On appliquerait cette peine à toute brochure ou écrit non périodique qui traiterait de matières politiques sans avoir satisfait aux dispositions de la loi sur le timbre.

XCVII. Le droit de timbre établi sur les journaux et écrits périodiques peut être acquitté par l'apposition sur les papiers destinés à leur publication, de timbres mobiles que l'administration de l'enregistrement, des domaines et du timbre, est autorisée à vendre et à faire vendre.

Un réglement d'administration publique déterminera la forme et les conditions d'emploi de ces timbres, ainsi que le mode suivant lequel il sera tenu compte de la remise accordée pour déchet de maculature par l'article 7 de la loi du 17 février 1852.

Sont considérés comme non timbrés et soumis aux peines et obligations résultant du § 1er de l'article 11 du décret du 17 février 1852, les journaux et écrits périodiques sur lesquels les timbres mobiles auraient été apposés sans l'accomplissement des conditions prescrites par le règlement d'administration publique ou sur lesquels auraient été apposés des timbres ayant déjà servi.

Chacune des autres contraventions aux dispositions de ce réglement sera punie d'une amende de 50 francs. (*Budget de 1868, loi du 3 août 1867, art. 29.*)

Ceux qui auront sciemment employé, vendu ou tenté de vendre des timbres mobiles ayant déjà servi, seront poursuivis devant le tribunal correctionnel, et punis d'une amende de 50 fr. à 100 francs.

En cas de récidive, la peine sera d'un

emprisonnement de cinq jours à un mois, et l'amende sera doublée. Il pourra être fait application de l'article 463 du Code pénal. (*Loi du* 11 *juin* 1859, *art.* 21. *Loi du* 3 *août* 1867, *art.* 29, § 5.)

XCVIII. Les préposés de l'enregistrement, les officiers de police judiciaire et les agents de la force publique sont autorisés à saisir les journaux ou écrits qui seraient en contravention aux présentes dispositions sur le timbre. Ils devront constater cette saisie par des procès-verbaux, qui seront signifiés aux contrevenants dans le délai de trois jours. (*Décret du* 17 *février* 1852, *art.* 10.)

XCIX. Chaque contravention aux dispositions de la présente loi, pour les journaux, gravures ou écrits périodiques, sera punie, indépendamment de la restitution des droits frustrés, d'une amende de 50 fr. par feuille, ou fraction de feuille non timbrée. Elle sera de 100 fr. en cas de récidive.

Cette amende ne pourra, en aucun cas, être inférieure à 200 fr. ni dépasser en total 50,000 fr. (*Décret du* 17 *février* 1852, *art.* 11.)

C. Sont applicables, en cas de con-

travention aux articles précédents, les
dispositions des articles 10 et 11, paragraphe 1er, du décret du 17 février 1852.

Dans aucun cas, l'amende ne peut dépasser le tiers du cautionnement versé
par le journal ou de celui auquel il aurait
été assujetti s'il eût traité de matières politiques ou d'économie sociale. (*Loi du* 11
mai 1868, *art.* 6.)

Les articles précédents mentionnés dans celui-ci sont les articles 3, 4 et 5 de la loi de 1868,
reproduits plus haut, et qui traitent exclusivement du timbre.

CI. Le recouvrement des droits de
timbre et des amendes de contravention
sera poursuivi, et les instances seront
instruites et jugées conformément à l'article 76 de la loi du 28 avril 1816. (*Décret
du* 17 *février* 1852, *art.* 12.)

CII. Le recouvrement des droits de
timbre et des amendes de contravention
y relatives sera poursuivi par voie de
contrainte, et, en cas d'opposition, les
instances seront instruites et jugées selon
les formes prescrites par les lois du 22 fri-
maire an VII et 27 ventôse an IX sur
l'enregistrement.

En cas de décès des contrevenants, leurs
droits et amendes seront dus par leurs suc-

cesseurs, et jouiront, soit dans les faillites ou tous autres cas, du privilège des contributions directes. (*Loi du* 28 *avril* 1816, *art.* 76.)

Des droits de poste.

CIII. En outre des droits de timbre fixés par la présente loi, les tarifs existant antérieurement à la loi du 16 juillet 1850, pour le transport par la poste des journaux et autres écrits, sont remis en vigueur. (*Décret du* 17 *février* 1852, *art.* 13.)

Nous verrons, dans les articles ci-dessous, les tarifs tels qu'ils sont établis par la loi du 25 juin 1856.

Le monopole de l'administration des postes ne s'étend pas à la distribution des journaux dans l'enceinte de la ville où ils sont publiés.

CIV. Le port des journaux et ouvrages périodiques traitant, en tout ou en partie, de matières politiques ou d'économie sociale et paraissant au moins une fois par trimestre est de 4 centimes par chaque exemplaire du poids de 40 grammes et au-dessous.

Au-dessus de 40 grammes, le port est augmenté d'un centime par chaque 10 grammes ou fraction de 10 grammes excédant. (*Loi du* 25 *juin* 1856, *art.* 1er).

L'article 1er de la loi du 2 mai 1861 et l'article 5 de la loi du 11 mai 1868 ci-dessus reproduits exemptent du droit de poste les suppléments des journaux lorsqu'ils ne contiennent pas d'annonces et que la moitié au moins de leur superficie est consacrée à la reproduction des documents officiels.

CV. Le port des journaux, recueils, annales, mémoires et bulletins périodiques uniquement consacrés aux lettres, aux sciences, aux arts, à l'agriculture et à l'industrie, et paraissant au moins une fois par trimestre, est de 2 centimes par chaque exemplaire du poids de 20 grammes et au-dessous.

Au-dessus de 20 grammes, le port est augmenté de 1 centime par chaque 10 grammes ou fraction de 10 grammes excédant.

Les ouvrages périodiques spécifiés dans le présent article sont exceptés de la prohibition établie par l'article 1er de l'arrêté du 27 prairial an IX, s'ils forment un paquet dont le poids dépasse 1 kilogramme ou s'ils font partie d'un paquet de librairie qui dépasse le même poids. (*Loi du* 25 *juin* 1856, *art.* 2.)

Le décret du 27 prairial an IX est celui qui interdit le transport par entreprise privée des lettres, journaux et ouvrages périodiques. Le transport des journaux et recueils littéraires par paquets d'un kilogramme au plus peut donc être effectué par les chemins de fer et messageries.

CVI. Les journaux et écrits périodiques destinés pour l'intérieur du départements dans lequel ils sont publiés, ne paient que la moitié du port fixé par les articles précédents.

Les journaux et ouvrages périodiques publiés dans les départements autres que ceux de la Seine et de Seine-et-Oise, et destinés pour les départements limitrophes de celui où ils sont publiés, ne paient également que la moitié du port fixé par les articles précédents.

Dans le cas où le port comprend une fraction de centime, cette fraction est comptée comme un centime entier. (*Loi du 25 juin* 1856, *art.* 3.)

CVII. Les objets compris dans la présente loi ne sont admis au bénéfice des taxes qu'elle établit qu'autant qu'ils ont été affranchis. S'ils ont été expédiés sans affranchissement, ils sont taxés au prix du tarif des lettres.

S'ils ont été affranchis en timbres-poste et que l'affranchissement soit insuffisant, ils sont frappés en sus d'une taxe égale au triple de l'insuffisance de l'affranchissement.

Les taxes prévues par les deux paragraphes qui précèdent sont payées par l'expéditeur, lorsque pour une cause quelconque, elles n'ont pas été acquittées par le destinataire. En cas de refus de paiement, le recouvrement en est opéré comme il est dit en l'article 2 de la loi du 20 mai 1854. (*Loi du 25 juin 1856, art.* 8.)

Des journaux étrangers.

CVIII. Les journaux politiques ou d'économie sociale publiés à l'étranger ne pourront circuler en France qu'en vertu d'une autorisation du Gouvernement.

Les introducteurs ou distributeurs d'un journal étranger dont la circulation n'aura pas été autorisée seront punis d'un emprisonnement d'un mois à un an et d'une amende de 100 fr. à 5,000 fr. (*Décret du 17 février 1852, art.* 2.)

Les journaux publiés en langue étrangère sont soumis à la même autorisation que les journaux publiés en langue française.

L'introduction ou distribution d'un journal étranger sans autorisation est une contravention, et la peine est encourue malgré la bonne foi du contrevenant. En fait, l'autorisation

n'est pas formellement demandée, elle est tacitement accordée, et les journaux étrangers cir-
culent en France par l'effet d'une tolérance
que l'administration fait cesser quand elle le
veut.

L'article 463 du Code pénal est applicable à
tous les délits de presse, sans que l'amende
puisse être inférieure à 50 francs. (*Loi du 11 mai
1868, art. 16.*)

CIX. Les droits de timbre imposés par
la loi seront applicables aux journaux et
écrits périodiques publiés à l'étranger,
sauf les conventions diplomatiques contraires. (*Décret du 17 février 1852, art. 8.*)

CX. Les journaux et écrits périodiques
et les écrits non périodiques traitant de
matières politiques ou d'économie sociale,
désignés dans les art. 8 et 9 du décret du
17 février 1852, publiés à l'étranger et
importés en France par la voie de la
poste, seront frappés par les agents de
l'administration des postes d'un timbre
spécial à date, portant, à l'encre rouge,
le nom du bureau de poste par lequel ils
seront entrés sur le territoire français.

Les droits de timbre exigibles, sauf
conventions diplomatiques contraires, seront perçus par addition aux droits de
poste. (*Décret du 1er mars 1852, art. 1.*)

CXI. Les expéditeurs, introducteurs ou

destinataires d'écrits de ces catégories,
adressées en France par une autre voie
que celle de la poste, devront faire à un
des bureaux de douane désignés pour
l'importation des livres et écrits publiés
à l'étranger une déclaration des quanti-
tés et dimensions des écrits assujettis au
timbre. L'exactitude de cette déclaration
sera vérifiée par les vérificateurs inspecteurs de la librairie, ou, à défaut de ces
agents, par les employés délégués à cet
effet par les préfets.

Les écrits ainsi importés seront, après
acquittement ou consignation des droits
de douane, dirigés sous plomb et par ac-
quits-à-caution, aux frais des déclarants,
sur le chef-lieu du département le plus
voisin ou de tout autre chef-lieu de département que les redevables auront indiqué, pour y recevoir l'application du
timbre moyennant le paiement des droits
dus. (*Décret du* 1er *mars* 1852, *art.* 2.)

CXII. A défaut de la déclaration exigée par l'article précédent, les écrits et
imprimés passibles du timbre, qui seront importés en France, seront retenus,
selon le cas, au bureau des douanes ou à
la préfecture ; la saisie en sera opérée
conformément à l'art. 10 du décret du

17 février 1852 par les préposés de l'administration de l'enregistrement, et des
poursuites seront exercées pour le recouvrement des droits de timbre, et, s'il y a
lieu, des droits de douane, ainsi que des
amendes contre les introducteurs ou distributeurs.

Les mêmes pénalités seront encourues,
à défaut de décharge régulière et de rap-
port, dans les délais fixés, des acquits-à-
caution délivrés en vertu de l'article précédent ; le tout sans préjudice de l'action
qui pourrait être intentée en vertu de
l'art. 2 du décret du 17 février 1852.
(*Décret du* 1er *mars* 1852, *art.* 3.)

CXIII. Les journaux imprimés en langue étrangère et ceux venant des pays
d'outre-mer seront taxés, pour les droits
de poste, au maximum du tarif établi
pour les journaux français. (*Loi du* 14
décembre 1830, *art.* 4.)

SECTION II. — DES INSERTIONS OBLIGATOIRES.

Des communiqués.

CXIV. Tout gérant sera tenu d'insérer
en tête du journal les documents officiels,
relations authentiques, renseignements,
réponses et rectifications qui lui seront

adressées par un dépositaire de l'autorité publique.

La publication devra avoir lieu dans le
plus prochain numéro qui paraîtra après
le jour de la réception des pièces.

L'insertion sera gratuite.

En cas de contravention, les contrevenants seront punis d'une amende de 50 fr.
à 1,000 fr. En outre, le journal pourra
être suspendu par voie administrative
pendant quinze jours au plus. (*Décret du*
17 *février* 1852, *art.* 19.)

La suspension, dans le cas prévu par
l'art. 19 du décret du 17 février 1852, ne
pourra être prononcée que par l'autorité
udiciaire. (*Loi du* 11 *mai* 1868, *art.* 16.)

Quel sont les dépositaires de l'autorité publique qui peuvent exiger des insertions des
journaux ? La loi ne les détermine pas, et,
comme il s'agit d'un droit exorbitant, il con-
vient d'interpréter le texte dans le sens strict.

Les agents de l'autorité peuvent exiger l'insertion des documents officiels, relations authentiques, renseignements, réponses et rectifications. Ce champ est assez vaste pour qu'il
convienne de n'en pas sortir. Un fonctionnaire
ne pourrait pas, sous prétexte de communiqué,
faire insérer tous les jours dans un journal des
articles qui n'auraient aucun des caractères ci-
dessus indiqués.

Le journaliste ne peut pas modifier les com-
muniqués qu'il reçoit; mais la loi ne lui interdit pas de les discuter.

L'infraction est une simple contravention. La mauvaise foi n'en est pas l'élément nécessaire.

Du droit de réponse.

CXV. Les propriétaires ou éditeurs de tout journal ou écrit périodique seront tenus d'y insérer, dans les trois jours de la réception ou dans le plus prochain numéro, s'il n'en était pas publié avant l'expiration des trois jours, la réponse de toute personne nommée ou désignée dans le journal ou écrit périodique, sous peine d'une amende de 50 à 500 fr., sans préjudice des autres peines et dommages-intérêts auxquels l'article incriminé pourrait donner lieu. Cette insertion sera gratuite, et la réponse pourra avoir le double de la longueur de l'article auquel elle sera faite. (*Loi du 25 mars 1822, art. 11.*)

Toute personne désignée a le droit de réponse. Un fonctionnaire l'aurait comme un particulier, une société comme un individu, un rédacteur de journal comme un homme qui n'aurait à sa disposition aucun moyen de publicité.

Toute désignation dans un écrit périodique ouvre le droit de réponse. Cependant, on peut contester que la simple critique littéraire d'un livre, faite en termes convenables d'ailleurs et sans appréciation personnelle de l'auteur, lui donne le droit de réponse. Qui publie ses idées les livre à la discussion.

Le journal peut se refuser à l'insertion d'une réponse outrageante, diffamatoire, injurieuse, soit pour lui, soit pour d'autres, ou qui aurait le caractère d'un délit, ou qui pourrait nuire à des tiers. Il pourrait même refuser l'insertion d'un article qui ne se rattacherait aucunement à celui qui l'aurait motivé, et les tribunaux n'ordonneraient pas cette insertion si celui qui la demande ne justifiait d'aucun intérêt matériel ou moral à l'obtenir.

La réponse ne doit.pas être dissimulée aux yeux des lecteurs, soit par la finesse de l'impression, soit par la place de l'insertion. Le tribunaux apprécient si cette insertion a été sufsfisan te.

Le journal est obligé de la faire dans les trois jours de la remise de la réponse. Il n'est pas nécessaire qu'elle soit notifiée par huissier si la preuve de la remise peut être faite autrement.

Le journaliste qui accompagne l'insertion de notes ou de réflexions ouvre au profit de la personne désignée un nouveau droit de réponse.

La réponse peut avoir le double de l'article qui la motive. Cependant, il faut compter seulement dans cet article la partie qui concerne la personne qui répond.

CXVI. L'insertion sera gratuite pour les réponses et rectificatious prévues par l'art. 11 de la loi du 25 mars 1822. lorsqu'elles ne dépasseront pas le double de la longueur des articles qui les auront provoquées; dans le cas contraire, le prix d'insertion sera dû pour le surplus seulement (*Lai du 27 juillet* 1849, *art.* 13.)

Le prix de l'insertion payée se calcule sur le prix des annonces dans le même journal. Telle était du moins la décision de la loi du 9 septembre 1835 que la pratique continue d'appliquer. Le journaliste peut-il exiger que ce prix lui soit payé d'avance? Plusieurs arrêts lui refusent ce droit.

Des annonces judiciaires.

CXVII. Les annonces judiciaires exigées par les lois pour la validité ou la publicité des procédures ou des contrats seront insérées à peine de nullité de l'insertion dans le journal ou les journaux de l'arrondissement, qui seront désignés chaque année par le préfet.

A défaut de journal dans l'arrondissement, le préfet désignera un ou plusieurs journaux du département.

Le préfet règlera en même temps le tarif de l'impression de ces annonces. (*Décret du 17 février 1852, art. 23.*)

Outre les insertions dont nous venons d'exposer les règles, les journaux et revues sont encore obligés de publier les jugements et arrêts qui les condamnent. Cette obligation est exposée plus loin au chapitre des délits de presse.

CHAPITRE III

*De l'affichage, du colportage et de la vente
sur la voie publique.*

—

Des affiches.

CXVIII. Dans les villes et dans chaque
municipalité, il sera, par les officiers municipaux, désigné des lieux exclusivement destinés à recevoir les affiches des
lois et des actes de l'autorité publique.
Aucun citoyen ne pourra faire des affiches particulières dans lesdits lieux, sous
peine d'une amende de 100 livres, dont
la condamnation sera prononcée par voie
de police. (*Décret des 18-22 mai 1791,
art.* 11.)

CXIX. Les affiches des actes émanés de l'autorité publique seront seules imprimées sur papier blanc ordinaire, et celles faites par des particuliers ne pourront l'être que sur papier de couleur, sous peine de l'amende ordinaire de police municipale. (*Décret des* 22-23 *juillet* 1791.)

CXX. Les avis et autres annonces, de quelque nature et espèce qu'ils soient, qui ne sont pas destinés à être affichés, pourront être imprimés sur papier blanc. (*Loi du* 28 *avril* 1816, *art.* 66.)

CXXI. Aucun citoyen et aucune réunion de citoyens ne pourront rien afficher sous le titre d'arrêtés, de délibérations, ni sous toute autre forme obligatoire et impérative. (*Décret des* 18-22 *mai* 1791, *art.* 13.)

CXXII. Aucune affiche ne pourra être faite sous un nom collectif; tous les citoyens qui auront coopéré à une affiche seront tenus de la signer. (*Décret des* 18-22 *mai* 1791, *art.* 14.)

CXXIII. La contravention aux deux

articles précédents sera punie d'une amende de 100 livres, laquelle ne pourra être modérée, et dont la condamnation sera prononcée par voie de police. (*Décret des* 18-22 *mai* 1791, *art.* 15.)

CXXIV. Aucun écrit, soit à la main, soit imprimé, gravé ou lithographié, contenant des nouvelles politiques ou traitant d'objets politiques, ne pourra être affiché ou placardé dans les rues, places ou autres lieux publics.

Sont exceptés de la présente disposition les actes de l'autorité publique. (*Loi du* 10 *décembre* 1830, *art.* 1.)

L'article 5 de la même loi reproduit plus bas, n° CXXXIX, punit toute infraction aux dispositions ci-dessus d'une amende de 25 fr. à 500 fr., et d'un emprisonnement de six jours à un mois, cumulativement ou séparément; sans préjudice des peines qui pourraient être encourues par suite des crimes ou délits résultant de la nature même de l'écrit. L'article 8 de la loi du 10 décembre 1830 permet aux tribunaux d'appliquer l'article 463 du code pénal s'il y a des circonstances atténuantes.

CXXV. Toute annonce et affiche imprimée qui indiquerait des remèdes secrets, sous quelque dénomination qu'ils soient présentés, sont sévèrement prohibés. Les individus qui se rendraient coupables de ce délit seraient poursuivis, etc..... (*Loi du 21 germinal an II, art.* 36.)

Ceux qui contreviendront aux dispositions de l'article 36 de la loi du 21 germinal an II relative à la police de la pharmacie, seront poursuivis par mesure de police correctionnelle et punis d'une amende de 25 à 600 fr. et en outre, en cas de récidive, d'une déention de trois jours au moins, de dix au plus. (*Loi du* 29 *pluviose, an* XIII, *art.* 1er.)

CXXVI. Ceux qui auront colporté ou distribué des billets de loteries interdites, ceux qui par des avis, annonces, affiches ou tout autre moyen de publication auront fait connaître l'existence de ces loteries ou facilité l'émission des billets, seront punis des peines portées en l'article 411 du Code pénal; il sera fait application, s'il y a lieu, des deux dernières dispositions de l'article précédent. (*Loi du* 21 *mai* 1836, *art.* 4.)

Les peines portées par l'article 410 du Code pénal sont de quinze jours à trois mois d'emprisonnement, et de 100 fr. à 2,000 fr. d'amende. Les dispositions de l'article précédent auquel notre article renvoie permettent l'ap-

plication de l'article 463 s'il y a des circonstances atténuantes, et au contraire l'élévation
de la peine au double du maximum en cas de
seconde ou ultérieure condamnation. Mais il
nous semble que la peine qui pourrait être
ainsi doublée serait celle de notre article et
non celle de l'article précédent qui est plus
forte.

Du timbre des affiches.

CXXVII. Toutes les affiches, quel
qu'en soit l'objet, seront sur papier timbré qui sera fourni par la régie, et dont
le débit sera soumis aux mêmes règles
que celui du papier timbré destiné aux
actes. Conformément à la loi du 28 juillet
1791, ce papier ne pourra être de couleur
blanche. (*Loi du* 28 *avril* 1816, *art.* 65.)

CXXVIII. A partir du 1ᵉʳ janvier 1867,
le droit de timbre du papier des affiches est fixé de la manière suivante :

Par feuille de douze décimètres et demi carrés et au-dessous. . . . 0 fr. 05
Au-dessus de douze décimè-
tres et demi jusqu'à vingt-cinq
décimètres carrés . . . . 0 fr. 10
Au-dessus de vingt-cinq décimètres jusqu'à cinquante décimètres carrés . . . . 0 fr. 15

Au-delà de cette dernière dimension. . . . . 0 fr. 20

Dans le cas ou une affiche contiendrait
plusieurs annonces distinctes, le maximum ci-dessus fixé sera toujours exigible.

Ce maximum sera doublé si l'affiche
contient plus de cinq annonces.

Les affiches peuvent être imprimées
sur papier non timbré, pourvu que le
timbre y soit apposé avant l'affichage.

Néanmoins sont maintenues en cas de
contravention aux paragraphes qui précèdent, les amendes et pénalités édictés
par l'article 69 de la loi du 28 avril 1816
modifié par l'article 10 de la loi du 16
juin 1824. (*Loi du* 18 *juillet* 1866, *art.* 4.)

CXXIX. La contravention d'un imprimeur à ces dispositions sera punie d'une
amende de 50 fr., sans préjudice du
droit de Sa Majesté de lui retirer sa commission.

Ceux qui seront convaincus d'avoir
ainsi fait afficher et distribuer des imprimés non timbrés, seront condamnés à
une amende de 20 fr.

Les afficheurs et distributeurs seront,
en outre, condamnés aux peines de sim-

ple police déterminées par l'art. 474 du Code pénal.

L'amende sera solidaire et emportera contrainte par corps. (*Loi du* 28 *avril* 1816, *art.* 69. — *Loi du* 16 *juin* 1824, *art.* 10.)

La contravention prévue et punie par l'article ci-dessus est celle qui consiste dans l'emploi de papier non timbré.

C'est l'article 10 de la loi du 16 juin 1824 qui a réduit ces amendes de 500 fr. à 50 fr., et de 100 fr. à 20 fr.

CXXX. Les particuliers qui voudront se servir pour affiches, avis ou annonces, d'autre papier que celui de l'administration de l'Enregistrement, seront admis à le faire timbrer avant l'impression.

La contravention à la disposition de l'art. 65 de la loi du 28 avril 1816, qui défend de se servir, pour les affiches, de papier de couleur blanche, sera punie d'une amende de 20 francs à la charge de l'imprimeur, qui sera toujours tenu d'indiquer son nom et sa demeure au bas de l'affiche. (*Loi du* 25 *mars* 1817, *art.* 77. — *Loi du* 16 *juin* 1824, *art.* 10.)

CXXXI. A partir du 1er août 1852, toute affiche inscrite dans un lieu public, sur les murs, sur une construction quelconque, ou même sur toile, au moyen de la peinture ou de tout autre procédé, donnera lieu à un droit d'affichage fixé à 50 centimes pour les affiches d'un mètre carré et au-dessous et à 1 franc pour celles d'une dimension supérieure. Un règlement d'administration publique déterminera le mode d'exécution du présent article.

Toute infraction à la présente disposition et toute contravention au règlement à intervenir pourront être punies d'une amende de 100 francs à 500 francs, ainsi que des peines portées à l'art. 464 du Code pénal. (*Loi du* 8 *juillet* 1852, *art.* 30.)

Cet article ne s'applique pas aux affiches préalablement imprimés sur papier timbré, puis affichées sur les murs, ou accrochées à ces murs en forme de tableaux mobiles.

Il a été jugé également qu'il ne s'appliquerait pas à des portraits photographiques renfermés dans des cadres mobiles et portant le nom du fabricant.

Il a été appliqué à des affiches exposées dans l'intérieur d'un boulanger, derrière les carreaux.

CXXXII. Tout individu qui voudra, au moyen de la peinture ou de tout autre procédé, inscrire des affiches dans un lieu public, sur les murs, sur une construction quelconque et même sur toile, sera tenu préalablement de payer le droit d'affichage établi par l'art. 30 de la loi du 8 juillet 1852, et d'obtenir de l'autorité municipale dans les départements, et à Paris du préfet de police, l'autorisation ou permis d'afficher.

Le paiement du droit se fera au bureau de l'enregistrement dans l'arrondissement duquel se trouvent les communes où les affiches devront être apposées.

Dans le département de la Seine, il se fera à un ou plusieurs bureaux d'enregistrement désignés à cet effet. (*Décret des* 25-31 *août* 1852, *art.* 1er.)

CXXXIII. Le droit sera perçu sur la présentation, pour chaque commune, d'une déclaration en double minute, datée et signée, contenant : 1° Le texte de l'affiche ; — 2° Les noms, prénoms, professions et domiciles de ceux dans l'intérêt desquels l'affiche doit être inscrite, et de l'entrepreneur de l'affichage ; — 3° La dimension de l'affiche ; — 4° Le nombre total des exemplaires à inscrire ; — 5° La désignation précise des rues et places où chaque exemplaire devra être inscrit ; — 6° Et le nombre des exemplaires à inscrire dans chacun de ces emplacements.

Un double de la déclaration restera au bureau pour servir de contrôle à la per-

ception; l'autre, revêtu de la quittance
du receveur de l'enregistrement, sera
rendu au déclarant.

Les droits régulièrement perçus ne
seront point restituables, lors même que,
par le fait des tiers, l'affichage ne pourrait avoir lieu.

Mais ces droits seront restitués si l'autorisation d'afficher est refusée par l'administration. (*Décret des* 25-31 *août* 1852
1852, art. 2.)

CXXXIV. L'autorité municipale ou le
préfet de police ne délivrera le permis d'affichage qu'au vu et sur le dépôt de la
déclaration portant quittance dont il est
parlé dans l'article précédent, et sans
préjudice des droits des tiers.

Chaque permis sera enregistré, sur un
registre spécial, par ordre de date et de
numéro.

Le numéro du permis devra être lisi-
blement indiqué au bas de chaque exemplaire de l'affiche, qui devra porter, en
outre, son numéro d'ordre. (*Décret des*
25-31 *août* 1852, *art.* 3.)

CXXXV. Aucun exemplaire de l'affiche ne pourra être d'une dimension supérieure à celle pour laquelle le droit

aura été payé. (*Décret des* 25-31 *août,*
art. 4.)

CXXXVI. Les contraventions à l'art. 30
de la loi du 8 juillet 1852 et aux dispositions du présent réglement seront constatées par des procès-verbaux rapportés
soit par les préposés de l'administration de l'enregistrement et des domaines,
soit par les commissaires, gendarmes,
gardes champêtres et tous autres agents
de la force publique. (*Décret des* 25-31
août 1852, *art.* 5.)

CXXXVII. Il sera accordé, à titre d'indemnité, aux gendarmes, gardes-cham-
pêtres et autres agents de la force publique qui auront constaté les contraventions, un quart des amendes payées par
les contrevenants. (*Décret des* 21-31 *août*
1852, *art.* 6.)

CXXXVIII. Les poursuites seront faites
à la requète du ministère public et portées
devant le Tribunal de police correctionnelle dans l'arrondissement duquel la
contravention aura été commise. (*Décret*
des 25-31 *août* 1852, *art.* 7.)

CXXXIX. Les contraventions à l'art.1er,
au dernier alinéa de l'art. 3 et à l'art. 4

du présent réglement seront passibles des peines portées par l'art. 30 de la loi du 8 juillet 1852.

Il sera dû une amende pour chaque exemplaire d'affiche inscrit sans paiement du droit et d'une dimension supérieure à celle pour laquelle le droit aura été payé, et pour chaque exemplaire posé dans un emplacement autre que celui indiqué par la déclaration.

Dans tous les cas, les contrevenants devront rembourser les droits dont le Trésor aura été frustré. (*Décret des* 25-31 *août* 1852, *art.* 8.)

CXL. Ces droits, amendes et frais seront recouvrés par l'administration de l'enregistrement et des domaines. (*Décret des* 25-31 *août* 1852, *art.* 9.

De la profession d'afficheur.

CXLI. Quiconque voudra exercer, même temporairement, la profession d'afficheur ou crieur, de vendeur ou distributeur, sur la voie publique, d'écrits imprimés, lithographiés, gravés ou à la main, sera tenu d'en faire préalablement la déclaration devant l'autorité municipale et d'indiquer son domicile.

Le crieur ou afficheur devra renouveler cette déclaration chaque fois qu'il changera de domicile. (*Loi du* 10 *décembre* 1830, *art.* 2.)

Cet article a été modifié pour les crieurs, vendeurs ou distributeurs, par la loi du 16 février 1834, qui les soumet à la nécessité d'obtenir une autorisation préalable. Nous ne le reproduisons ici que pour ce qui concerne les afficheurs.

L'infraction commise par ces derniers aux dispositions ci-dessus est punie par l'article 7 de la loi du 10 décembre 1830, que nous reproduisons plus loin sous le n° CXLVIII, d'une amende de 25 francs à 200 francs, et d un emprisonnement de six jours à un mois, cumulativement ou séparément. L'article 8 de la loi du 10 décembre 1830 permet aux tribunaux d'appliquer l'article 463 du Code pénal s'il y a des circonstances atténuantes.

De la vente et de la distribution sur la voie publique.

CXLII. Nul ne pourra exercer, même temporairement, la profession de crieur, de vendeur ou de distributeur, sur la voie publique, d'écrits, dessins ou emblèmes imprimés, lithographiés, autographiés, moulés, gravés ou à la main, sans autorisation préalable de l'autorité municipale.

Cette autorisation pourra être retirée.

Les dispositions ci-dessus sont applicables aux chanteurs sur la voie publique. (*Loi du* 16 *février* 1834, *art.* 1ᵉʳ.)

CXLIII. Toute contravention à la disposition ci-dessus sera punie d'un emprisonnement de six jours à deux mois pour la première fois, et de deux mois à un an en cas de récidive. Les contrevenants seront traduits devant les tribunaux correctionnels, qui pourront dans tous les cas, appliquer les dispositions de l'article 463 du Code pénal. (*Loi du* 16 *février* 1834, *art.* 2).

Ces articles s'appliquent à la distribution et à la vente des imprimés effectuées d'une manière permanente ou accidentelle sur la voie publique. Il faut considérer comme faite sur la voie publique la vente qui s'effectue dans les kiosques des boulevards et jardins publics.

On a jugé que l'autorisation est nécessaire même à l'auteur qui distribue lui-même son œuvre. Elle n'est pas exigée pour le libraire breveté ou ses commis qui portent des livres chez les souscripteurs, ni pour le journal qui fait le service de ses abonnements.

L'autorisation est nécessaire pour les distributions de toutes sortes d'écrits, et la Cour de cassation l'exige même pour les distributions des bulletins d'élection. Plusieurs auteurs critiquent cette jurisprudence comme excessive. Les mémoires judiciaires destinés au juges sont affranchis de cette formalité.

La loi soumet à l'autorité aussi bien la distribution à domicile que la vente sur la voie publique, effectuée ailleurs que dans des boutiques de libraire pourvu de brevets.

CXLIV. Est abrogé l'art. 1er de la loi du 6 prairial an VII, qui assujettit au timbre spécial les avis imprimés qui se crient et se distribuent dans les rues et lieux publics, ou que l'on fait circuler d'une autre manière. (*Loi du 23 juin* 1857, *art.* 12.)

Ces avis maintenant ne sont plus timbrés. Le timbre ne frappe l'annonce que quand elle est affichée ou publiée dans les journaux.

CXLV. Les journaux, feuilles quotidiennes ou périodiques, les jugements et autres actes d'une autorité constituée ne pourront être annoncés dans les rues, places et autres lieux publics autrement que par leur titre.

Aucun autre écrit imprimé, lithographié, gravé ou à la main, ne pourra être crié sur la voie publique qu'après que le crieur ou distributeur aura fait connaître à l'autorité municipale le titre sous lequel il veut l'annoncer, et qu'après avoir remis à cette autorité un exemplaire de cet écrit. (*Loi du* 10 *décembre* 1830, *art.* 3.)

8.

CXLVI. La vente ou distribution de faux extraits de journaux, jugements et actes de l'autorité publique, est défendue, et sera punie des peines ci-aprés. (*Loi du* 10 *décembre* 1830, *art.* 4.)

CXLVII. L'infraction aux dispositions des art. 1 et 4 de la présente loi sera punie d'une amende de 25 fr. à 500 fr., et d'un emprisonnement de six jours à un mois, cumulativement ou séparément.

L'auteur ou l'imprimeur des faux extraits défendus par l'article ci-dessus sera puni du double de la peine infligée au crieur, vendeur ou distributeur de faux extraits.

Les peines prononcées par le présent article seront appliquées sans préjudice des autres peines qui pourraient être encourues par suite des crimes et délits résultant de la nature même de l'écrit. (*Loi du* 10 *décembre* 1830, *art.* 5.)

L'article 4 est celui qui précède immédiatement. L'article 1er est celui qui défend l'affiche dans les lieux publics de tous écrits ayant un objet politique, à l'exception des actes de l'autorité publique; nous l'avons reproduit plus haut, n° CXXIV.

CXLVIII. Toute infraction aux art. 2 et 3

de la présente loi sera punie, par la voie ordinaire de police correctionnelle, d'une amende de 25 fr. à 200 fr., et d'un emprisonnement de six jours à un mois, cumulativement ou séparément. (*Loi du* 10 *décembre* 1830, *art.* 7.)

L'article 3 est celui qui précède immédiatement. L'article 2 est relatif aux aficheurs, nous l'avons reproduit plus haut, n° CXLI.

CXLIX. Dans les cas prévus par la présente loi, les cours d'assises et les tribunaux correctionnels pourront appliquer l'art. 463 du Code pénal, si les circonstances leur paraissent atténuantes. (*Loi du* 10 *décembre* 1830, *art.* 8.)

L'article 463 actuel du code pénal abroge la condition d'un préjudice n'excédant pas 25 fr.

Du colportage.

CL. Tous distributeurs ou colporteurs de livres, écrits, brochures, gravures et lithographies devront être pourvus d'une autorisation qui leur sera délivrée, pour le département de la Seine, par le préfet de police, et pour les autres départements, par les préfets.

Ces autorisations pourront toujours

être retirées par les autorités qui les auront délivrées.

Les contrevenants seront condamnés par les tribunaux correctionnels à un emprisonnement d'un mois à six mois et à une amende de 25 fr. à 500 fr., sans préjudice des poursuites qui pourraient être dirigées pour crimes et délits, soit contre les auteurs ou éditeurs de ces écrits, soit contre les distributeurs ou colporteurs eux-mêmes. (*Loi du 27 juillet 1849, art. 6.*)

La loi du 16 février 1834 soumet à l'autorisation municipale toute vente sur la voie publique, la loi du 27 juillet 1849, toute vente ou distribution publique faite autrement que sur la voie publique. Ainsi c'est au préfet que doivent s'adresser les papetiers, épiciers et merciers qui veulent vendre des journaux à leur domicile, sans être pourvus de brevets de libraire. Les libraires n'ont pas besoin d'autorisation. Le journal n'en a pas besoin non plus pour vendre des numéros à son bureau.

A Paris, le préfet de police exerce les attributions de police des maires et celles des préfets. C'est donc lui qui délivre toutes les autorisations.

L'autorisation accordée aux marchands non libraires pour vendre publiquement des journaux, n'est pas générale mais spéciale à chaque journal, et elle peut être retirée. Les marchands de la voie publique qui essaieraient de résister à la défense, se verraient retirer toute autorisation. Le journal dont la vente sur la voie publique n'est pas autorisée, ne peut plus être vendu que dans la boutique des libraires pourvus de brevet.

La profession de colporteur est également régie par l'article ci-dessus. Elle doit être autorisée par le préfet de police à Paris, par les préfets dans les départements. Elle peut être retirée. Les étalagistes des gares de chemin de fer sont considérés comme colporteurs. Les colporteurs paient patente. — Les marchands de chansons et almanachs, munis d'un certificat d'indigence, sont dispensés de la patente.

Aucun ouvrage ne peut être publiquement distribué et colporté sans avoir été préalablement examiné par une commission consultative établie au ministère de l'intérieur et frappé d'une estampille. L'estampille est apposée pour Paris à la préfecture de la Seine, pour les départements aux préfectures. Il faut déposer pour Paris au ministère de l'intérieur, et pour les départements au secrétariat des préfectures un double exemplaire des ouvrages dont on demande l'estampillage.

Des publications électorales.

CLI. Nul ne peut être élu député au Corps législatif si, huit jours au moins avant l'ouverture du scrutin, il n'a déposé, soit en personne, soit par un fondé de pouvoir en forme authentique, au secrétariat de la préfecture du département dans lequel se fait l'élection, un écrit signé de lui, contenant le serment formulé dans l'article 16 du Sénatus consulte du 25 décembre 1852.

L'écrit déposé ne peut, à peine de nullité, contenir que ces mots : Je jure obéissance à la Constitution et fidélité à l'Empereur.

Il en est donné récépissé, (*Senatus consulte du 17 février* 1858, *art.* 1ᵉʳ.)

CLII. La publication d'une candidature, la distribution et l'affichage des circulaires et des bulletins électoraux pour lesquels le dépôt au parquet du procureur impérial aura été effectué, ne peuvent avoir lieu qu'après que le candidat s'est conformé aux dispositions de l'article précédent.

Toute publication, distribution ou tout affichage antérieur seront punis des peines portées par l'article 6 de la loi du 27 juillet 1849. (*Senatus consulte du 17 février* 1858, *art.* 2.)

Les peines sont : un emprisonnement d'un mois à six mois, et une amende de 25 francs à 500 francs. Voir nº CXLVII.

CLIII. Pendant les vingt jours qui précéderont les élections, les circulaires et professions de foi signées des candidats pourront, après dépôt au parquet du procureur de la République, être affichées et distribuées sans autorisation de l'autorité municipale. (*Loi du* 10 *juillet* 1850, *art.* 10.)

Cet article s'applique aux élections municipales, aux élections des conseillers d'arrondissement et des conseillers généraux, aux élections législatives.

Les auteurs admettent que les simples bulletin contenant les noms des candidats peuvent être librement distribués sans autorisation et sans signature, dans les vingt jours qui précèdent l'élection, moyennant le dépôt au parquet.

CLIV. Sont affranchies du timbre les affiches électorales d'un candidat, contenant sa profession de foi, une circulaire signée de lui, ou seulement son nom. (*Loi du* 11 *mai* 1868, *art.* 3.)

CHAPITRE IV.

Des Délits de presse.

—

SECTION I. — DES FAITS PUNISSABLES ET DE LEUR PUNITION.

Provocation aux crimes et délits.

CLV. Quiconque, soit par des discours, des cris ou menaces proférés dans des lieux ou réunions publics, soit par des écrits, des imprimés, des dessins, des gravures, des peintures ou emblèmes vendus ou distribués, mis en vente ou exposés dans des lieux ou réunions publics, soit par des placards et affiches exposés aux regards du public, aura provoqué l'auteur ou les auteurs de toute action qualifiée crime ou délit à la commettre, sera réputé complice et puni comme tel. (*Loi du 17 mai 1819, art. 1.*)

Nous n'examinerons cet article qu'au point de vue de la provocation aux crimes et délits par voie de publication.

La publication commence à la mise en vente, bien qu'aucune vente n'ait été effectuée. Pour le journal elle commencerait également à l'envoi des numéros à la poste, bien que les numéros ne fussent pas encore partis. Le dépôt au parquet n'est pas un acte de publication puisqu'il doit la précéder. L'autorité veut que le journal lui soit communiqué avant d'être livré au public.

La vente d'un seul exemplaire constitue le délit : mais la remise confidentielle de l'écrit à une seule personne, avec défense de le faire circuler, ne pourrait pas être considéré comme un acte de publication, puisqu'elle a souvent pour but d'éclairer l'auteur sur l'opportunité de la publication.

L'intention coupable est un élément constitutif et nécessaire du délit de distribution. Le libraire qui met en vente un livre délictueux ne devrait pas être condamné s'il n'avait pas agi sciemment, par exemple, si réimprimant un livre, il avait été induit en erreur par l'absence de poursuites lors de la publication de la première édition. Mais cette absence de poursuites n'empêcherait ni la saisie de la deuxième édition, ni la condamnation de l'auteur.

Il peut y avoir publicité et délit, sans publication; s'il s'agit d'un exemplaire unique, depuis longtemps imprimé, ou d'un manuscrit qui circule secrètement ou qui est laissé à des-

sein dans un lieu public. On entend ordinairement par ces mots les lieux accessibles à tout
le monde, où quiconque veut entrer le peut,
soit librement, soit à certaines conditions faciles
à remplir. Un lieu peut être public par nature
comme la rue, ou par accident comme l'étude
d'un notaire un jour d'adjudication. Quant aux
réunions, ce qui fait leur publicité, c'est leur
caractère et non pas le nombre des personnes
qui les composent. Un cercle où il n'y aurait
que trois personnes, serait une réunion publique; une réunion de parents et d'amis, si nom-
breuse qu'elle soit, serait privée. Mais au point
de vue de la publicité des écrits, cette distinction a peu d'importance. Car la distribution
même clandestine est délictueuse.

CLVI. Quiconque aura, par l'un des
moyens énoncés en l'art 1er (voy. n° CLV),
provoqué à commettre un ou plusieurs
crimes, sans que ladite provocation ait
été suivie d'aucun effet, sera puni d'un
emprisonnement qui ne pourra être de
moins de trois mois ni excéder cinq années, et d'une amende qui ne pourra
être au-dessous de 50 fr., ni excéder
6,000 fr. (Loi du 17 mai 1819, art. 2.)

CLVII. Quiconque aura, par l'un des
mêmes moyens, provoqué à commettre
un ou plusieurs délits, sans que ladite
provocation ait été suivie d'aucun effet,
sera puni d'un emprisonnement de trois

jours à deux années, et d'une amende de 30 fr. à 4,000 fr. ou de l'une de ces deux peines seulement, selon les circonstances, sauf les cas dans lesquels la loi prononcerait une peine moins grave contre l'auteur même du délit, laquelle sera alors appliquée au provocateur. (*Loi du* 17 *mai* 1819, *art*. 3.

La provocation à une simple contravention pourrait être considérée comme provocation à la désobéissance aux lois, prévue et punie par l'article 6 suivant.

CLVIII. La provocation, par l'un des mêmes moyens, à la désobéissance aux lois, sera punie des peines portées en l'art. 3 précédent. (*Loi du* 17 *mai* 1819, *art*. 6.)

Autre chose est la provocation à la désobéissance, autre chose, la critique. Celle-ci est permise ; on peut discuter une loi, la critiquer, en montrer les vices, exposer la nécessité de la rapporter, pourvu qu'on n'engage personne à y désobéir.

La provocation à la désobéissance serait également délictueuse si elle avait lieu avant la promulgation de la loi pour en affaiblir par avance l'autorité.

Enfin la provocation à la désobéissance aux actes de l'autorité publique, tels que les jugements et arrêts, pourrait également tomber sous le coup de l'article.

CLIX. Il n'est point dérogé aux lois qui punissent la provocation et la complicité résultant de tous actes autres que les faits de publication prévus par la présente loi. (*Loi du* 17 *mai* 1819, *art.* 7.)

Les articles 59 et 60 du Code pénal punissent les complices d'un crime ou délit de la même peine que les auteurs de ce crime ou délit. Cette règle s'applique aux délits de presse. Il a été jugé que celui qui aurait fourni les notes d'un article délictueux sachant l'usage qui en serait fait devrait être puni comme complice.

Les articles ci-dessus contiennent des règles générales. Les articles ci-dessous prévoient et punissent des actes de provocation à certains délits déterminés. Ils dérogent pour ces cas aux règles générales.

CLX. Toute provocation directe à un attroupement armé ou non armé par des discours proférés publiquement et par des écrits ou des imprimés, affichés ou distribués, sera puni comme le crime et le délit, selon les distinctions ci-dessus établies.

Les imprimeurs, graveurs, lithographes, afficheurs et distributeurs, seront punis comme complices lorsqu'ils auront agi sciemment.

Si la provocation faite par l'un des moyens ci-dessus n'a pas été suivie d'effet, elle sera punie, s'il s'agit d'une provoca-

tion à un attroupement nocturne et armé
d'un emprisonnement de six mois à un
an; s'il s'agit d'un attroupement non armé,
l'emprisonnement sera de un mois à six
mois. (*Loi du 7 juin* 1848, *art.* 6.)

Si la provocation a été suivie d'effet, la peine
varie d'un mois d'emprisonnement à dix ans
de réclusion, suivant que l'attroupement aura
eu lieu avec on sans armes, de jour ou de nuit.
et qu'il se sera dissipé devant les sommations,
ou seulement devant la force, après avoir fait
ou non usage de ses armes.

CLXI. Est puni d'un emprisonnement
de deux à cinq ans et d'une amende de
500 à 10,000 fr., tout individu qui a provoqué publiquement d'une manière quelconque aux crimes prévus par les articles 86 et 87 du Code pénal, lorsque cette
provocation n'a pas été suivie d'effet.
(*Loi du* 27 *février* 1858, *art.* 1.)

Ces crimes sont l'attentat contre la vie ou la
personne de l'Empereur et des membres de la
famille impériale, l'offense publique contre les
mêmes personnes et les actes ayant pour but
le changement de gouvernement ou l'insurrec-
tion.

CXLIII. Toute provocation par l'un
des moyens énoncés en l'art. Ier de la loi
du 17 mai 1819 (voy. n° CLV), adres-

sée aux militaires des armées de terre et
de mer, dans le but de les détourner de
leurs devoirs militaires et de l'obéissance
qu'ils doivent à leurs chefs, sera punie
d'un emprisonnement d'un mois à deux
ans, et d'une amende de 25 fr. à 4,000
francs, sans préjudice des peines plus
graves prononcées par la loi, lorsque le
fait constituera une tentative d'embau-
chage ou une provocation à une action
qualifiée crime ou délit. (*Loi du* 27 *juillet*
1849, *art.* 2.)

Attaques contre les lois et la paix publique.

CLXIII. Toute attaque par l'un des
moyens énoncés en l'art. 1er de la loi du
17 mai 1819 (voy. n° CLV) contre le respect
dû aux lois et à l'inviolabilité des droits
qu'elles ont consacrés, toute apologie de
faits qualifiés crimes ou délits par la loi
pénale sera punie d'un emprisonnement
d'un mois à deux ans, et d'une amende
de 16 à 1,000 fr. (*Loi du* 27 *juillet* 1849,
art. 3.)

Nous sommes dans les délits vagues; l'attaque contre le respect dû aux lois se distingue
de la provocation à la désobéissance; car on
peut attaquer en recommandant d'obéir; mais
elle se confond aisément avec la critique. Toute
critique affaiblit le respect de la loi à laquelle

elle s'en prend. Cependant la critique est permise : elle est même nécessaire, car sans elle les lois ne se perfectionneraient pas. On peut dire que l'article précité a pour but de punir ces critiques violentes, faites en termes inconvenants, qui cessent d'être des discussions et deviennent des attaques. C'est vrai, mais le difficile est de les distinguer.

La loi punit l'apologie des faits qualifiés crimes et délits; elle ne punit pas l'apologie des simples contraventions. Cependant cette apologie pourrait devenir une attaque contre le respect dû à la loi, et alors elle rentrerait dans les délits prévus par notre article; et si elle constituait une provocation à la résistance, elle tomberait sous le coup de l'article 6 de la loi du 17 mai 1819.

CLXIV. Seront punis d'un emprisonnement de quinze jours à deux ans et d'une amende de 100 fr. à 4,000 fr. :

1° L'enlèvement ou la dégradation des signes publics de l'autorité du gouvernement républicain, opéré en haine ou mépris de cette autorité;

2° Le port public de tous signes extérieurs de ralliement non autorisés par la loi ou par des règlements de police;

3° L'exposition dans des lieux ou réunions publics, la distribution ou la mise en vente de tous signes ou symboles propres à propager l'esprit de rébellion ou à troubler la paix publique. (*Décret du 11 août 1848, art. 6.*)

Il avait été décidé, par arrêt de cassation du 22 février 1834, que l'envoi d'un journal avec gravure, représentant Henri V, constituait le délit prévu par le paragraphe 3 de l'article. Mais la Cour, par arrêt du 27 mai 1834 rendu, toutes Chambres réunies est revenue sur cette décision.

CLXV. Quiconque, par l'un des moyens énoncés en l'art. 1er de la loi du 17 mai 1819 (voy. n° CLV), aura cherché à troubler la paix publique en excitant le mépris ou la haine des citoyens les uns contre les autres, sera puni des peines portées en l'article précédent. (*Décret du 11 août 1848, art. 7.*)

Nous sommes encore dans les délits mal définis. Il y a dans l'ordre des faits prévus par l'article, des actes répréhensibles; il y en a qui sont innocents; quelle est la limite qui les sépare? Là poursuite est nécessairement entachée d'arbitraire, parce que la loi est obscure.

Tout classement arbitraire des citoyens en catégories sociales, riches et pauvres, ouvriers et bourgeois prolétaires et propriétaires, accompagné d'attaque contre les uns ou les autres pourrait constituer le délit prévu par l'article. Il en serait de même des attaques contre toutes les personnes exerçant une même profession ou remplissant les mêmes fonctions, et désignées collectivement : la magistrature, l'armée, la garde nationale. Mais une attaque contre un parti dont l'existence seule est illégale : les républicains, les légitimistes, sera-t-elle punissable si elle ne désigne personne en particulier?

Le délit prévu par notre article est distinct de l'injure et de la diffamation : le diffamateur a publié des faits délictueux ou déshonorants sans s'occuper des sentiments qu'ils inspiraient ; ici le prévenu a cherché à inspirer des sentiments de haine et de mépris, par diffamation ou autrement.

Attaques contre la religion et la morale.

CLXVI. Quiconque, par l'un des moyens énoncés en l'art. 1er de la loi du 17 mai 1819 (voyez n° CLV), aura outragé ou tourné en dérision la religion de l'Etat, sera puni d'un emprisonnement de trois mois à cinq ans et d'une amende de 300 fr. à 6,000 fr.

Les mêmes peines seront prononcées contre quiconque aura outragé ou tourné en dérision toute autre religion dont l'établissement est légalement reconnu en France. (*Loi du* 25 *mars* 1822, *art.* 1.)

Cet article protége la religion catholique, la religion protestante et la religion juive en France, et même la religion musulmane en Algérie.

L'outrage comprend principalement les diatribes, sarcasmes, agressions violentes, caricatures, plaisanteries ironiques contre Dieu, Jésus-Christ, les saints, l'Église, les dogmes de la religion, les cérémonies du culte.

La parodie d'une pratique religieuse, la mutilation ou l'altération des prières, textes liturgiques et livres saints, dans le but de les tour-

ner en ridicule seraient également considérées
comme des outrages contre la religion.

CLXVII. Tout outrage à la morale publique et religieuse ou aux bonnes mœurs
par l'un des moyens énoncés en l'art 1er
(voyez n° CLV) sera puni d'un emprisonnement d'un mois à un an et d'une
amende de 16 fr. à 500 fr. (*Loi du 17 mai
1819, art. 8.*)

L'article précédent protège les dogmes de la
religion révélée. Notre article s'applique aux
vérités de la religion naturelle, admises par
tous les peuples civilisés et considérées comme
la base nécessaire à toute législation et de toute
société : telles sont l'existence de Dieu, la spiri-
tualité de l'âme, la vie future, la distinction du
bien et du mal.

L'outrage désigne spécialement l'attaque injurieuse ou violente. Cependant il peut consister dans une simple négation. Dire à un
homme qu'il n'a pas de conscience, à une femme
qu'elle n'a pas de pudeur, ce ne sont que des
négations et cependant elles sont outrageantes.
La négation du bien, du devoir, de la vertu,
seraient donc aussi des outrages, qui, pour
s'adresser à la vérité et blesser la conscience
publique au lieu de ne blesser qu'un individu
déterminé, n'en seraient pas moins répréhensibles. Alors, une profession publique d'a-
théisme, de matérialisme, les justifications de
la débauche, du suicide, constitueraient également le délit.

L'outrage aux bonnes mœurs s'entend surtout des écrits et gravures obscènes.

CLXVIII. L'attaque par l'un de ces moyens contre la liberté des cultes, le principe de la propriété et les droits de la famille, sera punie d'un emprisonnement d'un mois à trois ans, et d'une amende de 100 fr. à 4,000 fr. (*Décret du 11 août 1848, art.* 3.)

L'attaque est plus que l'outrage ; ce n'est pas la simple négation d'un principe, c'est un effort fait pour le renverser. Si elle allait jusqu'à la provocation à un crime ou délit, elle tomberait sous le coup des articles 1 et 2 de la loi du 17 mai 1819.

Attaques contre le gouvernement.

CLXIX. Toute attaque par l'un des moyens énoncés en l'art. 1er de la loi du 17 mai 1819 contre les droits et l'autorité de l'Assemblée nationale, contre les droits et l'autorité que les membres du pouvoir exécutif tiennent des décrets de l'Assemblée, contre les institutions républicaines et la Constitution, contre le principe de la souveraineté du peuple et du suffrage universel, sera punie d'un emprisonnement de trois mois à cinq ans, et d'une amende de 300 fr. à 6,000 fr. (*Décret du 11 août 1848, art.* 1.)

Cet article n'est plus en vigueur que dans ses dernières prescriptions Il ne protége plus l'ancienne assemblée nationale, ni les institutions républicaines qui ont disparu. Mais il prévoit et punit les attaques contre le principe de la souveraineté du peuple et du suffrage universel. Il peut même être invoqué pour réprimer les attaques contre la Constitution quelle qu'elle soit.

CLXX. Les articles 1 et 2 du décret du 11 août 1848, sont applicables aux attaques contre les droits et l'autorité que le Président de la République tient de la Constitution.

La poursuite sera exercée d'office par le ministère public. (*Loi du* 27 *juillet* 1849, *art.* 1.)

L'article 1er est celui qui précède. L'article 2 reproduit plus loin (n° CLXXVIII) punissait d'un emprisonnement d'un an à trois ans, et d'une amende de 100 fr. à 5,000 fr. les offenses envers l'Assemblée nationale. On applique maintenant ces articles aux attaques contre les droits et l'autorité de l'Empereur.

CLXXI. Quiconque, par l'un des moyens énoncés en l'art. 1er de la loi du 17 mai 1819, aura excité à la haine et au mépris du gouvernement de la République, sera puni d'un emprisonnement d'un mois à quatre ans, et d'une amende de 150 fr. à 5,000 fr.

La présente disposition ne peut porter atteinte au droit de discussion et de censure des actes du pouvoir exécutif et des ministres. (*Décret du 11 août 1848, art. 4.*)

On efface le mot république et on déclare que l'article est applicable au gouvernement impérial. La jurisprudence sur ce point est constante. Il est vrai que les attaques dirigées contre le Gouvernement sont répréhensibles sous tous les régimes. Mais chaque gouvernement rend ordinairement une loi qui lui est spéciale, afin de ne pas s'abriter derrière les lois faites pour le gouvernement auquel a succédé. Il est bizarre aujourd'hui d'invoquer pour punir des écrivains trop amoureux de la République, un texte rédigé pour protéger la République. Ce délit d'ailleurs a l'inconvénient d'être mal défini : il peut s'étendre à tout ou se réduire à rien. Il n'est pas exact de dire que ce décret est le seul qui protége le gouvernement actuel contre les attaques de la presse : car la provocation aux crimes et délits est défendue par la loi de 1819 : l'offense à la personne du souverain est sévèrement punie par le Code pénal. La discussion même de la Constitution est interdite. Il est difficile qu'un délit passe à travers ces prescriptions et échappe à la répression.

CLXXII. Est interdite toute discussion ayant pour objet de modifier la Constitution, et publiée soit par la presse périodique, soit par des écrits non périodiques assujettis au droit de timbre.

Une pétition ayant pour objet une modification de la Constitution ne peut être rendue publique que par la publication du compte-rendu officiel de la séance dans laquelle elle a été rapportée.

Toute contravention aux prescriptions du présent article est punie d'une amende de 500 fr. à 10,000 fr. (*Sénatus-consulte du 18 juillet 1866, art. 2.*)

Attaques émanées des ministres du culte.

CLXXIII. Les ministres du culte qui prononceront, dans l'exercice de leur ministère et en assemblée publique, un discours contenant la critique ou censure du Gouvernement, d'une loi, d'une ordonnance royale ou de tout autre acte de l'autorité publique, seront punis d'un emprisonnement de trois mois à deux ans. (*Code pénal, art.* 201.)

L'emprisonnement serait de deux à cinq ans si le discours contenait une provocation à la désobéissance aux lois; la peine serait plus forte, si la provocation avait été suivie d'effet.

Cet article ne touche à notre matière que dans le cas ou le discours aurait été reproduit par la presse.

CLXXIV. Tout écrit contenant des instructions pastorales, en quelque forme que ce soit, et dans lequel un ministre du culte se sera ingéré de critiquer ou censurer soit le Gouvernement, soit tout acte de l'autorité publique, emportera la peine du bannissement contre le ministre qui l'aura publié. (*Code pénal, art.* 204.)

La peine serait celle de la détention, si l'écrit contenait une provocation à la désobéissance aux lois, ou à la sédition ; la peine serait plus forte encore, si cette provocation avait été suivie d'effet.

Offenses envers l'Empereur, la famille impériale et les souverains étrangers.

CLXXV. Tout offense commise publiquement envers la personne de l'Empereur est punie d'un emprisonnement de six mois à cinq ans, et d'une amende de 500 fr. à 10,000 fr. Le coupable peut en outre être interdit de tout ou partie des droits mentionnés en l'art. 42 *du Code pénal*, pendant un temps égal à celui de l'emprisonnement auquel il a été condamné. Ce temps court à compter du jour où il a subi sa peine. — Toute offense commise publiquement envers les membres de la famille impériale est punie d'un emprisonnement d'un mois à trois ans et d'une amende de 100 fr. à 5,000 fr. (*Code pénal, art.* 86.)

Cet article remplace les articles 9 et 10 de

la loi du 17 mai 1819 qui, d'ailleurs, édictaient les mêmes peines en cas d'offenses commises par un des moyens prévus en l'article 1er de cette loi,

Les droits mentionnés dans l'article 42 du Code pénal sus-visé sont les droits civiques, civils et de famille suivants : 1º de vote et d'élection ; 2º d'éligibilité ; 3º d'être appelé ou nommé aux fonctions de juré ou autres fonctions publiques, ou aux emplois de l'administration, ou d'exercer ces fonctions ou emplois ; 4º de port d'armes ; 5º de vote et de suffrage dans les délibérations de famille ; 6º d'être tuteur, curateur, si ce n'est de ses propres enfants et sur l'avis seulement de la famille ; 7º d'être expert ou employé comme témoin dans les actes ; 8º de témoignage en justice autrement que pour y faire de simples déclarations.

CLXXVI. L'offense par l'un des mêmes moyens, envers la personne des souverains ou envers celle des chefs des gouvernements étrangers, sera punie d'un emprisonnement d'un mois à trois ans, et d'une amende de 100 fr. à 5,000 fr. (*Loi du 17 mai 1819, art. 12.*)

Les moyens désignés dans cet article sont ceux que prévoit l'article 1er de la loi du 17 mai 1819. (Voy. nº CLV.)

CLXXVII. Dans le cas d'offense contre la personne des souverains et celle des chefs des gouvernements étrangers, la poursuite n'aura lieu que sur la plainte ou à la requête du souverain ou du chef du gouvernement qui se croira offensé. (*Loi du 26 mai* 1819, *art.* 3.)

Offenses envers les Chambres.

CLXXVIII. L'offense par l'un des moyens énoncés en l'article 1ᵉʳ de la loi du 17 mai 1819 envers l'Assemblée nationale, sera puni d'un emprisonnement d'un mois à trois ans, et d'une amende de 100 fr. à 5,000 fr. (*Décret du* 11 *août* 1848, *art.* 2).

Quelques auteurs appliquent ces dispositions au Sénat et à la Chambre actuelle des députés. On peut se refuser à considérer ces corps comme identiques à l'Assemblée nationale de 1848 et soutenir que cet article est tacitement abrogé. Mais alors les offenses envers le Sénat et le Corps législatif seront punies en vertu des lois de 1819 et 1822 comme diffamation ou injure envers les corps constitués.

Une offense contre une partie de la Chambre serait punie comme si elle s'adressait à la Chambre entière.

CLXXIX. Dans le cas d'offense envers les Chambres ou l'une d'elles par voie de publication, la poursuite n'aura lieu qu'autant que la Chambre qui se croira offensée l'aura autorisé. (*Loi du* 26 *mai* 1819, *art.* 2.)

L'autorisation est nécessaire pour toute espèce d'offense.

CLXXX. Dans le cas d'offense envers les Chambres ou l'une d'elles par l'un des moyens énoncés en la loi du 17 mai 1819, la Chambre offensée, sur la simple réclamation d'un de ses membres, pourra, si mieux elle n'aime autoriser les poursuites par la voie ordinaire, ordonner que le prévenu sera traduit à sa barre. Après qu'il aura été entendu ou dûment appelé, elle le condamnera, s'il y a lieu, aux peines portées par les lois. La décision sera exécutée sur l'ordre du président de la Chambre. (*Loi du 25 mars 1822, art. 15.*)

Cet article étend et complète les dispositions du précédent.

Des outrages aux personnes publiques.

CLXXXI. L'outrage fait publiquement d'une manière quelconque, à raison de leurs fonctions ou de leur qualité, soit à un ou plusieurs membres de l'une des deux Chambres, soit à un fonctionnaire public, soit enfin à un ministre de la religion de l'Etat ou de l'une des religions dont l'établissement est légalement reconnu en France, sera puni d'un emprisonnement de quinze jours à deux ans et d'une amende de 100 francs à 4,000 francs. (*Loi du* 25 *mars* 1822, *art.* 6.)

Il est certain qu'il peut y avoir outrage sans diffamation, par exemple dans un geste, dans une caricature. Quelques jurisconsultes pensent même qu'il peut y avoir diffamation sans outrage ; en conséquence ils appliquent tantôt l'article 16 de la loi du 17 mai 1819 et tantôt l'article 6 de la loi du 25 mai 1822. Nous croyons qu'il faut appliquer les peines de notre article toutes les fois qu'il y a outrage public, qu'il ait ou non les caractères de la diffamation ou de l'injure.

L'outrage non public est étranger à la matière qui nous occupe. Il est prévu et puni par les articles 222 et suivants du Code pénal.

CLXXXII. L'outrage fait publiquement d'une manière quelconque, à raison de leurs fonctions ou de leur qualité, soit à un ou plusieurs membres de l'Assemblée nationale, soit à un ministre de l'un des cultes qui reçoivent un salaire de l'Etat, sera puni d'un emprisonnement de quinze jours à deux ans, et d'une amende de 100 fr. à 4,000 fr. (*Décret du* 11 *août* 1848, *art.* 5.)

Cet article ne fait que reproduire une partie des dispositions du précédent et il applique les mêmes peines.

CLXXXIII. Le même délit envers un

juré, à raison de ses fonctions, ou envers un témoin, à raison de sa déposition, sera puni d'un emprisonnnement de dix jours à un an et d'une amende de 50 francs à 3,000 francs.

L'outrage fait à un ministre de la religion de l'Etat ou de l'une des religions légalement reconnues en France, dans l'exercice même de ses fonctions, sera puni des peines portées par l'art. 1er de la présente loi. (*Loi du 25 mars 1822, art.* 6.)

L'article 1er de la loi de 1822, auquel notre paragraphe renvoie, porte contre ceux qui ont outragé ou tourné en dérision la religion de l'Etat, la peine d'emprisonnement de trois mois à cinq ans et d'une amende de 300 fr. à 6,000 fr. L'outrage fait à un ministre de la religion dans l'exercice de ses fonctions prévu par notre paragraphe est plus grave que l'outrage fait à ce ministre à raison de ces fonctions délit prévu dans les deux numéros précédents. Aussi est-il puni plus sévèremont.

CLXXXIV. Si l'outrage, dans les différents cas prévus par le présent article, a été accompagné d'excès ou violences prévus par le premier paragraphe de l'art. 228 du Code pénal, il sera puni des peines portées audit paragraphe et à l'art. 229, et, en outre, de l'amende portée au premier paragraphe du présent article.

Si l'outrage est accompagné des excès prévus par le second paragraphe de l'art. 228 et par les art. 231, 232 et 233, le coupable sera puni conformément audit Code. (*Loi du* 25 *mars* 1822, *art.* 6.)

Les articles ci-dessus mentionnés du Code pénal prononcent des peines diverses, emprisonnement, réclusion, mort, suivant la gravité des violences.

CLXXXV. Les membres d'un collége électoral, qui pendant la réunion se seront rendus coupables d'outrages ou de violences, soit envers le bureau, soit envers l'un de ces membres, ou qui par voies de fait ou menaces, auront ou empêché les opérations électorales, seront punis d'un emprisonnement d'un mois à un an et d'une amende de 100 fr. à 2,000 fr., si le scrutin a été violé, l'emprisonnement sera d'un an à cinq ans et l'amende de 1,000 fr. à 5.000 fr. (*Décret du 2 février* 1852, *art.* 45.)

Diffamation et injures envers les personnes publiques ou privées.

CLXXXVI. Toute allégation ou imputation d'un fait qui porte atteinte à l'honneur ou à la considération de la personne ou du corps auquel le fait est imputé est une diffamation.

Toute expression outrageante, terme de mépris ou invective, qui ne renferme l'imputation d'aucun fait, est une injure. (*Loi du* 17 *mai* 1819, *art.* 13.)

L'imputation est l'affirmation du fait. L'allégation est une assertion dubitative faite ordinairement sur la foi d'autrui. L'une et l'autre peuvent constituer la diffamation.

La diffamation doit porter sur un fait précis. L'imputation d'un vice n'est qu'une injure. Dire à quelqu'un que dans telle circonstance il a volé, c'est commettre le délit de diffamation ; le traiter de *voleur*, c'est commettre le délit d'injure ; l'appeler *canaille* et *polisson*, ce n'est plus qu'une contravention d'injure, passible des peines de simple police. Dans la diffamation, le fait imputé est contraire à l'honneur, c'est-à-dire à la probité ou à la loyauté, ou contraire à la considération, c'est-à-dire à cette estime qui s'attache à l'exercice consciencieux d'une profession.

La publication d'un écrit faussement attribué à un tiers et de nature à nuire à l'honneur ou à la considération de celui-ci constituerait une diffamation.

La critique d'une œuvre littéraire est permise, si vive qu'elle soit, pourvu qu'elle ne dégénère pas en attaque personnelle. La critique historique est également permise, ainsi que toute assertion qui se rattache à l'histoire et repose sur des faits constatés. La critique d'une entreprise industrielle ou financière est permise aussi, surtout si l'auteur de l'article a pour but d'éclairer le public auquel l'entreprise s'adresse.

Il faut, pour qu'il y ait diffamation, que la personne diffamée soit désignée de façon à être reconnue. La diffamation peut s'adresser à un corps, à une société commerciale, à une communauté religieuse ; l'action est ouverte au profit du corps. Il en serait de même si le fait était imputé à l'un des membres de ce corps, de façon à nuire à la considération des autres membres.

La vérité du fait diffamatoire, et même sa constatation légale n'empêchent pas l'existence du délit de diffamation. Ainsi on ne pourrait rappeler méchamment à quelqu'un une condamnation qu'il aurait subie, ni révéler des faits même officiellement constatés.

Enfin la diffamation doit avoir été commise avec la volonté, l'intention de nuire. Mais ce serait au prévenu à établir sa bonne foi, et à prouver qu'il a agi sans malveillance.

Lorsque la révélation des faits est commandée par la justice, elle cesse d'être un délit. Ainsi les dépositions d'un témoin, les plaidoiries d'un avocat, les réquisitions du ministère public, faisant connaître les faits nécessaires pour éclairer le tribunal, ne constituent pas des diffamations.

CLXXXVII. La diffamation et l'injure commises par l'un des moyens énoncés en l'art. 1er de la présente loi (voir n° CLV), seront punies d'après les distinctions suivantes. (*Loi du 17 mai* 1819, *art.* 14.)

La publicité est un élément nécessaire du délit de diffamation. La publication par la voie

d'un journal ou par la distribution d'un imprimé n'est qu'une espèce de publicité. La diffamation non publique n'est punie que comme
l'injure simple.

La distribution d'une note, ou d'un mémoire
à des juges pour éclairer un litige ne serait
pas considérée comme un acte de publicité. Il
en serait autrement si le mémoire était distribué à des personnes étrangères.

CLXXXVIII. La diffamation ou l'injure,
par l'un des mêmes moyens, envers les
cours, tribunaux, corps constitués, autorités ou administrations publiques, sera punie d'un emprisonnement de quinze jours
à deux ans, et d'une amende de 150 fr.
à 5,000 fr. (*Loi du* 25 *mars* 1822, *art.* 5.)

Nous ne mentionnons ici que la diffamation
ou l'injure par voie de publication. Si elles
avaient lieu par des discours, des cris, des menaces, des écrits ou dessins non rendus publics,
elles seraient punies soit en vertu des articles
ci-dessus mentionnés, soit en vertu des articles
222 et 223 du Code pénal. Mais ces délits sont
autres que ceux qui nous occupent.

Les corps constitués sont ceux auxquels la
Constitution et les lois organiques attribuent
une part de l'autorité et de l'administration
publique : il faut qu'ils aient une existence
permanente et que la réunion en soit toujours
possible. Tels sont le Sénat, le Corps législatif,
le Conseil d'Etat, les Conseils généraux et d'arrondissement, les Conseils municipaux, etc.

11

La gendarmerie, la garde nationale, les chambres d'avoués, de notaires, les ordres d'avocats, les colléges électoraux ne sont pas des corps constitués.

Les autorités publiques ne désignent pas les fonctionnaires individuellement considérés pour lesquels il existe des dispositions spéciales, mais certaines agrégations revêtues de fonctions publiques, sans tenir à l'ensemble du système constitutionnel ni participer à aucune branche de l'administration publique : tels que des commissions légalement organisées, les parquets des cours et tribunaux, peut-être les conseils de discipline.

Les administrations publiques sont la hiérarchie des fonctionnaires chargés d'une des branches de l'administration de l'Etat : les douanes, les postes, la police, l'assistance publique, etc.

CLXXXIX. La diffamation envers tout dépositaire ou agent de l'autorité publique, pour des faits relatifs à ses fonctions, sera punie d'un emprisonnement de huit jours à dix-huit mois, et d'une amende de 50 fr. à 3,000 fr.

L'emprisonnement et l'amende pourront, dans ce cas, être infligés cumulativement ou séparément, selon les circonstances. (*Loi du* 17 *mai* 1819, *art.* 16.)

Sont consid rés comme dépositaires ou agents de l'autorité publique, non pas toutes les personnes ayant agi dans un caractère public, mais seulement celles qui par délégation médiate

ou immédiate du Gouvernement, exercent dans
un intérêt public une portion de son autorité
ou font exécuter ses ordres.

Il a été jugé qu'il fallait considérer comme
tels : les porteurs de contrainte, les gardes
champêtres, les gardes particuliers, les sergents
de ville, les agents de police exerçant la police
municipale, les gendarmes, les gardiens d'un
pont chargé de percevoir le péage, les gardes
nationaux faisant leur service, les professeurs de
l'université, les employés des contributions directes ou indirectes, les maires et les souspréfets.

Il a été jugé au contraire qu'il ne fallait pas
considérer comme fonctionnaires publics, les
chirurgiens et médecins des hôpitaux, le directeur d'un dépôt de mendicité, les arbitres vo-
lontaires, le secrétaire d'un sous-préfet et les
employés de sous-préfecture, les avoués, les
notaires, les huissiers, les électeurs.

CXC. La diffamation envers les am-
bassadeurs, ministres plénipotentiaires,
envoyés, chargés d'affaires ou autres
agents diplomatiques accrédités près du
Roi, sera punie d'un emprisonnement de
huit jours à dix-huit mois, et d'une
amende de 50 fr. à 3,000 fr., ou de l'une
de ces deux peines seulement, selon les
circonstances. (*Loi du 17 mai 1819, art. 17.*)

L'article s'applique aux agents diplomatiques
étrangers; les agents diplomatiques français
sont protégés par la disposition qui concerne
les fonctionnaires. Il n'est pas nécessaire que la

diffamation soit relative aux fonctions de l'agent
diplomatique.

CXCI. L'injure contre les personnes
désignées par les art. 16 et 17 de la loi du
17 mai 1819 (*c'est-à-dire les dépositaires
ou agents de l'autorité publique, pour des
faits relatifs à leurs fonctions, les ambas-
sadeurs, ministres plénipotentiaires, envoyés, chargés d'affaires ou autres agents
diplomatiques accrédités près de l'Empereur*) sera punie d'un emprisonnement
de cinq jours à un an et d'une amende
de 25 fr. à 2,000 fr., ou de l'une de ces
deux peines seulement, selon les circonstances. (*Loi du 17 mai 1819, art. 19.*)

Pour que l'injure contre les personnes ci-
dessus désignées entraîne les peines portées
par notre article, il faut qu'elle soit publique.
 Il faut en outre qu'elle se rapporte aux fonctions de la personne injuriée, à moins que celle-
ci ne soit un agent diplomatique étranger ; car
pour ce dernier, le délit existe, que l'injure
s'adresse à la personne privée ou à la fonction.
 Faut-il de plus que l'injure renferme l'imputation d'un vice déterminé ; et quand elle n'a
pas ce caractère n'est-elle punie que des peines
de simple police ?
 La question est difficile et controversée. Nous
serions disposés à croire que toute injure
adressée à une des personnes publiques ci-dessus désignées est punie des peines correctionnelles, qu'elle renferme ou non l'imputation

d'un vice déterminé, et que cette dernière restriction ne s'applique qu'à l'injure contre les particuliers.

CXCII. La diffamation envers les particuliers sera punie d'un emprisonnement de cinq jours à un an, et d'une amende de 25 fr. à 2,000 fr., ou de l'une de ces deux peines seulement, selon les circonstances. (*Loi du* 17 *mai* 1819, *art.* 18.)

CXCIII. L'injure contre les particuliers sera punie d'une amende de 16 fr. à 500 fr. (*Loi du* 17 *mai* 1819, *art.* 19,).

CXCIV. Néanmoins, l'injure qui ne renfermerait pas l'imputation d'un vice déterminé, ou qui ne serait pas publique, continuera d'être punie des peines de simple police. (*Loi du* 17 *mai* 1819, *art.* 20.)

Pour être un délit passible de peines correctionnelles, il faut à la fois que l'injure soit publique et qu'elle renferme l'imputation d'un vice déterminé. Si l'une de ces deux conditions manque, elle n'est passible que des peines de simple police.

CXCV. Dans les cas de diffamation ou d'injure contre les cours, tribunaux ou autres corps constitués, la poursuite n'aura lieu qu'après une délibération de ces corps, prise en assemblée générale et requérant les poursuites. (*Loi du* 26 *mai* 1819, *art.* 4.)

Il faut pour requérir les poursuites une délibération préalable des corps constitués régulièrement convoqués et composés. Une plainte collective des membres qui les composent ne suffirait pas.

CXCVI. Dans le cas des mêmes délits contre tout dépositaire ou agent de l'autorité publique, contre tout agent diplomatique étranger, accrédité près du Roi, ou contre tout particulier, la poursuite n'aura lieu que sur la plainte de la partie qui se prétendra lésée. (*Loi du* 26 *mai* 1819, art. 5.)

CXCVII. Nul ne sera admis à prouver la vérité des faits diffamatoires, si ce n'est dans le cas d'imputation, contre les dépositaires ou les agents de l'autorité ou contre toutes personnes ayant agi dans un caractère public, de faits relatifs à leurs fonctions.

La preuve des faits imputés met l'auteur de l'imputation à l'abri de toute peine, sans préjudice des peines prononcées contre toute injure qui ne serait pas nécessairement dépendante des mêmes' faits. (*Loi du* 26 *mai* 1819, *art.* 20.)

CXCVIII. En aucun cas la preuve par témoins ne sera admise pour établir la réalité des faits injurieux ou diffamatoires. (*Décret du* 17 *février* 1852, *art.* 28.)

Publications relatives à la vie privée.

CXCIX. Toute publication dans un écrit périodique relative à un fait de la vie privée constitue une contravention punie d'une amende de 500 fr.

La poursuite ne pourra être exercée que sur la plainte de la partie intéressée. (*Loi du* 11 *mai* 1868, *art.* 11.)

On a voulu désigner ainsi tous les actes qu'une personne accomplit sans agir avec un caractère public. Il n'y a d'exception que pour la reproduction des débats judiciaires,

Publications qui ne donnent lieu à aucune action.

CC. Ne donneront ouverture à aucune action les discours tenus dans le sein de l'une des deux Chambres, ainsi que les rapports ou toutes autres pièces imprimées par ordre de l'une des deux Chambres. (*Loi du* 17 *mai* 1819, *art.* 21.)

CCI. Ne donnera lieu à aucune action le compte fidèle des séances publiques de la Chambre des Députés, rendus de bonne foi dans les journaux. (*Loi du* 17 *mai* 1819, *art.* 22.)

CCII. Ne donneront lieu à aucune action en diffamation ou injure les discours prononcés ou les écrits produits devant les tribunaux : pourront néanmoins les juges saisis de la cause, en statuant sur le fond, prononcer la suppression des écrits injurieux ou diffamatoires, et condamner qui il appartiendra en des dommages-intérêts.

Les juges pourront aussi, dans le même cas, faire des injonctions aux avocats et officiers ministériels, ou même les suspendre de leurs fonctions.

La durée de cette suspension ne pourra excéder six mois ; en cas de récidive, elle sera d'un an au moins, et de cinq ans au plus.

Pourront, toutefois, les faits diffamatoires étrangers à la cause donner ouverture, soit à l'action publique, soit à l'action civile des parties, lorsqu'elle leur aura été réservée par les tribunaux, et, dans tous les cas, à l'action civile des tiers. (*Loi du* 17 *mai* 1819, *art.* 23.)

Fausses nouvelles.

CCIII. La publication ou la reproduction de nouvelles fausses, de pièces fabriquées ou mensongèrement attribuées à des tiers, sera punie d'une amende de 50 fr. à 1,000 fr.

Si la publication ou reproduction est faite de mauvaise foi, ou si elle est de nature à troubler la paix publique, la peine sera d'un mois à un an d'emprisonnement, et d'une amende de 500 fr. à 1,000 fr. Le maximum de la peine sera appliqué si la publication ou reproduction est tout à la fois de nature à troubler la paix publique, et faite de mauvaise foi. (*Décret du 17 février 1852, art. 15.*)

La publication faite sans mauvaise foi d'une nouvelle qui n'est pas de nature à troubler la paix publique, constitue le premier degré du délit. Cependant encore faut-il que cette nouvelle soit nuisible, car si elle est absolument indifférente, l'acte n'est pas criminel.

La Cour de cassation a décidé que cet acte est une simple contravention, et que la peine est encourue sans qu'il y ait intention de nuire. Des auteurs nombreux soutiennent au contraire que cet acte est un délit et que l'intention coupable en est un élément nécessaire. Il est vrai que la loi n'exige pas la mauvaise foi; mais ce mot ne désignerait que la connaissance de l'erreur. Suivant cette interprétatione la publication d'une fausse nouvelle crue vrai serait punie, mais à la condition d'avoir été faite avec intention de nuire. La publication d'une nouvelle fausse mais crue vraie, et publiée sans mauvaise intention, ne serait pas punie.

La mauvaise foi dans la publication est une première circonstance aggravante.

La circonstance que la nouvelle est de nature à troubler la paix publique aggrave également le délit. Il n'est pas nécessaire que la paix publique soit troublée, il suffit qu'elle puisse l'être.

La réunion des deux circonstances précédentes constitue un second degré d'aggravation.

Si les fausses nouvelles ont eu pour but de déterminer une hausse ou une baisse sur les marchandises et effets publics, le délit tombe sous le coup des articles 419 et 420 du Code pénal, qui prononcent une peine de un mois à nn an d'emprisonnement et de 500 fr. à 1,000 fr. d'amende. La peine est double si la manœuvre s'est exercée sur des denrées alimentaires.

Si les fausses nouvelles ont eu pour but d'influer sur la liberté des élections en surprenant et détournant des suffrages, ou en déterminant des abstentions, le délit tombe sous le coup des articles 107 de la loi du 15 mars 1849 et 40 de la loi du 2 février 1852, qui prononcent une peine d'un mois à un an d'emprisonnement et de 100 fr. à 2,000 fr. d'amende.

Comptes rendus interdits.

CCIV. Il est interdit de rendre compte des séances du Sénat autrement que par la reproduction des articles insérés au journal officiel.

Il est interdit de rendre compte des séances non publiques du Conseil-d'Etat. (*Décret du 17 février* 1852, *art.* 16.)

Toute contravention aux dispositions de l'article 16 (précédent) du décret du 17 février 1852 sera puni d'une amende de 50 à 5,000 fr., sans préjudice des peines prononcées par la loi, si le compte rendu est infidèle et de mauvaise foi (Décret du 17 février 1852, art. 18.)

CCV. Le compte-rendu du Corps-Législatif par les journaux ou tout autre moyen de publication ne consistera que dans la reproduction du procès-verbal dressé à l'issue de chaque séance par les soins du président du Corps-Législatif. (*Constitution du* 22 *janvier* 1852, *art.* 42.)

CCVI. Les débats des séances du Sénat et du Corps-Législatif sont reproduits par la sténographie et insérés *in extenso* dans le journal officiel du lendemain.

En outre, les comptes-rendus de ces séances, rédigés par des secrétaires-rédacteurs placés sous la surveillance du président de chaque Assemblée sont mis chaque soir à la disposition de tous les journaux.

Le compte-rendu des séances du Sénat et du Corps-Législatif par les journaux ou tout autre moyen de publication ne consistera que dans la reproduction des débats insérés *in extenso* dans le journal officiel ou du compte-rendu rédigé sous l'autorité du président, conformément aux paragraphes précédents.

Néanmoins, lorsque plusieurs projets ou pétitions auront été discutés dans une séance, il sera permis de ne reproduire que les débats relatifs à un seul de ces projets ou à une seule de ces pétitions. Dans ce cas, si la discussion se prolonge pendant plusieurs séances, la publication devra être continuée jusqu'au vote et y compris le vote. (*Sénatus-consulte du 2 février 1861.*)

Des explications données à la Chambre par M. Rouher à ce sujet, il résulte que le Sénat a interdit les comptes rendus analytiques indirects, qu'il a reconnu le droit de discussion, et qu'il s'est refusé à indiquer la limite qui sépare la discussion du compte rendu. C'est donc une question de fait que les Tribunaux ont à résoudre; mais, d'après la jurisprudence, la publication du compte rendu officiel n'empêcherait pas un article publié dans le même numéro d'être considéré comme un compte rendu parallèle, bien que des appréciations y soient mêlées au résumé que le journaliste donne de la séance.

CCVII. Toute contravention à l'article 42 de la Constitution sur la publication des comptes-rendus officiels des séances du Corps·Législatif, sera punie d'une amende de 1,000 fr. à 5,000 fr. (*Décret du* 17 *février* 1852, *art*. 14.)

Cette sanction est attachée à la violation de l'article 42 de la Constitution et du sénatus-consulte du 2 février 1861, sur la publication d'un compte rendu indirect des séances du Corps législatif. La publication du compte rendu indirect des séances du Sénat est puni par l'article 18 du décret du 17 février 1852, et dans ce cas le minimum de la peine est de 50 fr.

Ces infractions sont des contraventions; la bonne foi des prévenus ne les empêche pas d'être condamnés.

CCVIII. L'infidélité et la mauvaise foi dans le compte que rendent les journaux et écrits périodiques des séances des Chambres et des audiences des Cours et tribunaux, seront punies d'une amende de 1,000 fr. à 6,000 fr.

En cas de récidive, ou lorsque le compte rendu sera offensant pour l'une ou l'autre des Chambres, ou pour l'un des pairs ou des députés, ou injurieux pour la Cour, le tribunal, ou l'un des magistrats, des jurés ou des témoins, les éditeurs du journal seront en outre condamnés à un emprisonnement d'un mois à trois ans.

Dans les mêmes cas, il pourra être interdit, pour un temps limité ou pour toujours, aux propriétaires et éditeurs du journal ou écrit périodique condamné, de rendre compte des débats législatifs ou judiciaires. La violation de cette défense sera punie de peines doubles de celles portées au présent article. (*Loi du* 2 *mars* 1822, *art.* 7.)

Le compte rendu infidèle n'est punissable qu'autant qu'il a été fait de mauvaise foi. Le compte rendu offensant ou injurieux puni par l'article précédent est celui qui est déjà infidèle et de mauvaise foi. L'offense et l'injure sont des circonstances aggravantes de l'infidélité.

L'interdiction de rendre compte des débats est facultative pour le Tribunal. Elle ne peut porter que sur les débats de la Chambre ou du Tribunal vis-à-vis desquels il y a eu un premier délit d'infidélité.

La violation de cette interdiction entraîne une peine minimum de 2,000 fr. d'amende et deux mois de prison, et une peine maximum de 12,000 fr. d'amende et six ans de prison.

CCIX. Les Chambres appliqueront elles-mêmes, conformément à l'article précé-

dent, les dispositions de l'art. 7 relatives
au compte-rendu par les journaux de
leurs séances. (*Voy. art.* 15 *de la même
loi*, n° CLXXX.)

Les dispositions du même art. 7 relatives au compte-rendu des audiences des
cours et tribunaux seront appliqués directement par les cours et tribunaux qui
auront tenu ces audiences. (*Loi du* 25
mars 1822, *art.* 16.)

Cet article n'est pas considéré comme abrogé
relativement à la Chambre par le décret du
17 février 1852. Les Chambres sont exclusivement compétentes pour juger les délits d'infidélité et de mauvaise foi dans le compte rendu
de leurs séances. Elles ne doivent pas se borner
à autoriser les poursuites, elles doivent juger
elles-mêmes.

Les Cours et Tribunaux ont également une
compétence exclusive pour connaître les délits
de même nature commis dans le compte rendu
de leurs audiences. Ils jugent soit d'office, soit
sur la réquisition du ministère public. Le procès est porté devant la chambre qui a jugé
la première affaire, mais non pas nécessairement devant les mêmes juges. Des témoins
peuvent être entendus. Le jugement est soumis
aux règles ordinaires de l'appel.

CCX. Tout éditeur, imprimeur, journaliste ou autre, qui rendra publics les
actes interdits aux conseils municipaux
par les art. 24 et 25 de la loi du 5 mai

1855, sera passible des peines de l'art. 123 du Code pénal. (*Loi du* 5 *mai* 1855, *art.* 26.)

Les actes interdits sont les délibérations portant sur des objets étrangers aux attributions des Conseils municipaux ou en dehors de leurs réunions légales. Les peines sont l'emprisonnement de deux mois à six mois, et le coupable pourra de plus être condamné à l'interdiction des droits civiques et de tout emploi public pendant dix ans au plus.

CCXI. Il est interdit de rendre compte des procès pour outrages ou injures, et des procès en diffamation où la preuve des faits diffamatoires n'est pas admise par la loi.

La plainte pourra seulement être annoncée sur la demande du plaignant. Dans tous les cas, le jugement pourra être publié.

Il est interdit de publier les noms des jurés, excepté dans le compte-rendu de l'audience où le jury aura été constitué ;

De rendre compte des délibérations intérieures, soit des jurés, soit des cours et tribunaux.

L'infraction à ces dispositions sera punie d'une amende de 200 à 3,000 fr.

En cas de récidive commise dans l'année, la peine pourra être portée au double. (*Loi du* 27 *juillet* 1849, *art.* 11.)

Est-il permis de rendre compte des procès pour offenses au souverain, à sa famille, aux Chambres, aux souverains étrangers? Si l'offense a eu lieu par la voie de la presse, non, puisqu'il est interdit de rendre compte des procès de presse. Si elle a eu lieu autrement, la loi garde le silence, et la question devient douteuse.

L'interdiction de rendre compte des procès en diffamation s'appliquerait à ceux qui seraient engagés devant la juridiction civile.

CCXII. Il est interdit de publier les actes d'accusation et aucun acte de procédure criminelle avant qu'ils aient été lus en audience publique, sous peine d'une amende de 100 fr. à 2,000 fr.

En cas de récidive commise dans l'année, l'amende pourra être portée au double, et le coupable condamné à un emprisonnement de dix jours à six mois. (*Loi du* 27 *juillet* 1849, *art.* 10.)

L'interdiction s'applique aux matières correctionnelles comme aux matières criminelles. L'infraction est considérée comme un délit dont la mauvaise foi est un élément essentiel.

CCXIII. Les infractions aux dispositions des deux articles précédents seront poursuivies devant les tribunaux de police correctionnelle. (*Loi du* 27 *juillet* 1849, *art.* 12.)

CCXIV. Dans les procès qui ont pour

12.

objet la diffamation, si les tribunaux ordonnent, aux termes de l'article 55 de la Charte que les débats auront lieu à huis-clos, les journaux ne pourront, à peine de 2,000 fr. d'amende, publier les faits de diffamation, ni donner l'extrait des mémoires ou écrits quelconques qui les contiendraient.

Dans toutes les affaires civiles ou criminelles, où un huis-clos aura été ordonné, les journaux ne pourront, sous la même peine, publier que le prononcé du jugement. (*Loi du* 18 *juillet* 1828, *art.* 16.)

L'interdiction ne porte pas sur les audiences antérieures à celles où le huis-clos a été ordonné. Il peut être rendu compte de ces audiences.

CCXV. Lorsqu'aux termes du dernier paragraphe de l'art. 23 de la loi du 17 mai 1819, les tribunaux auront, pour les faits diffamatoires étrangers à la cause, réservé soit l'action publique, soit l'action civile des parties, les journaux ne pourront, sous la même peine, publier ces faits, ni donner l'extrait des mémoires qui les contiendraient. (*Loi du* 18 *juillet* 1828, *art.* 17.)

CCXVI. Il est interdit de rendre compte des procès pour délits de presse. La poursuite pourra seulement être annoncée ; dans tous les cas, le jugement pourra être publié.

Dans toutes affaires civiles, correctionnelles ou criminelles, les cours et tribunaux pourront interdire le compte-rendu du procès. Cette interdiction ne pourra s'appliquer au jugement, qui pourra toujours être publié. (*Décret du 17 février 1852, art. 17.*)

La loi ne parlant que des procès pour délits, il doit être permis de rendre compte des procès pour contravention de presse. Quel danger y a-t-il à parler d'un journal qui n'a pas fourni son cautionnement. L'interdiction s'étend à tous les moyens de publication.

On peut annoncer la poursuite, et par conséquent la marche de la procédure.

Tout ce qui touche aux débats ne doit pas être reproduit. Mais il est évident que les questions de droit soulevées dans le procès peuvent être discutées.

CCXVII. Toute contravention aux dispositions des art. 16 et 17 de la présente loi sera punie d'une amende de 50 francs à 5,000 fr., sans préjudice des peines prononcées par la loi, si le compte-rendu est infidèle et de mauvaise foi. (*Décret du 17 février 1852, art. 18.*)

L'article 16 est relatif aux séances des chambres.

SECTION II. — DES PERSONNES PUNISSABLES ET DES PEINES.

Des imprimeurs.

CCXVIII. Les imprimeurs d'écrits dont les auteurs seraient mis en jugement en vertu de la présente loi, et qui auraient rempli les obligations prescrites par le titre II de la loi du 21 octobre 1814, ne pourront être recherchés pour le simple fait d'impression de ces écrits, à moins qu'ils n'aient agi scièmment, ainsi qu'il est dit à l'art. 68 du Code pénal, qui définit la complicité. (*Loi du 17 mai 1819, art. 24.*)

Dans un délit de presse, l'auteur principal c'est le *publicateur*, c'est-à-dire le gérant s'il s'agit d'un journal, l'éditeur s'il s'agit d'un livre. Les auteurs et imprimeurs ne sont que des complices. Pour les libraires, vendeurs, distributeurs et afficheurs, la question est controversée.

L'article 60 du Code pénal porte que le complice n'est puni qu'autant qu'il a assisté l'auteur avec connaissance de cause. Il faut prouver contre lui la mauvaise foi. Notre article applique cette règle à l'imprimeur. S'il est de bonne ne peut être condamné. Cependant, s'il n'avait pas rempli les prescriptions de la loi du 21 octobre 1814 sur la police de l'imprimerie, il ne pourrait alléguer sa bonne foi.

Si l'auteur de l'écrit était inconnu, et qu'il n'y eût pas d'éditeur, l'imprimeur serait condamné comme auteur principal. Il en serait de même s'il était gérant du journal qu'il imprime.

Des propriétaires et rédacteurs de journaux.

CCXIX. Les propriétaires ou éditeurs responsables d'un journal ou écrit périodique, ou auteurs ou rédacteurs d'articles imprimés dans ledit journal ou écrit, prévenus de crimes ou délits pour faits de publication, seront poursuivis et jugés dans les formes et suivant les distinctions prescrites à l'égard de toutes les autres publications. (*Loi du* 9 *juin* 1819, *art.* 9.)

CCXX. En cas de condamnation, les mêmes peines leur seront appliquées ; toutefois les amendes pourront être élevées au double, et, en cas de récidive, portées au quadruple, sans préjudice des peines de la récidive prononcées par le Code pénal. (*Loi du* 9 *juin* 1819, *art.* 10.)

Cet article s'applique aux crimes et délits de la presse punis par la loi du 17 mai 1819, dont nous avons donné plus haut l'énumération. Il élève pour le cas où les crimes et délits sont commis par la voie des journaux ou écrits périodiques le maximum de la peine, qui peut aller jusqu'au double de l'amende, au quadruple en cas de récidive, sans préjudice des dispositions du droit pénal sur la récidive.

L'article 58 du Code pénal porte que les coupables condamnés correctionnellement à un emprisonnement de plus d'une année, seront, encas de nouveaux délits, condamnés au maximum de la peine, qui pourra être élevée jusqu'au double, et seront en outre mis sous la surveillance du gouvernement pendant un temps de cinq ans à dix ans. Ces dispositions s'appliquent aux délits de presse.

Si le premier délit n'a pas entraîné un emprisonnement de plus d'une année, la·récidive n'exposera le coupable qu'à une amende quadruple. Si le premier délit a entraîné un emprisonnement de plus d'un an, en cas de récidive, l'amende pourra être quadruplée et l'emprisonnement doublé.

Mais nous croyons que ces deux aggravations de peine, aussi bien celle que prononce la loi du 9 juin 1819 que celle que prononce le Code pénal, sont toutes deux facultatives pour le tribunal.

La loi de 1868 porte, en outre, qu'en cas de récidive dans les deux ans d'un délit commis par la voie des journaux autre que ceux commis contre les particuliers, les juges pourront prononcer, outre les peines de la récidive, la suspension du journal. (Voy. art. 13, loi du 11 mai 1868).

CCXXI. L'art. 10 de la loi du 9 juin 1819 est commun à toutes les dispositions du présent titre, en tant qu'elles s'appliquent aux propriétaires ou éditeurs d'un journal ou écrit périodique. (*Loi du 25 mars* 1822, *art.* 13.)

Cet article étend aux délits d'outrages contre la religion, de diffamation ou d'injures envers les corps constitués et administrations publiques, d'outrages faits aux personnes publiques désignées à raison de leurs fonctions même et punis par la loi du 25 mars 1822, les dispositions portées l'article précédent contre les délits prévus par la loi du 17 mai 1819 et commis par la voie de la presse.

CCXXII. Les amendes autres que celles portées par la présente loi qui auront été encourues pour délits de publication par la voie d'un journal ou écrit périodique, ne seront jamais moindres du double du *minimum* fixé par les lois relatives à la répression des délits de la presse. (*Loi du 18 juillet* 1828, *art.* 14.)

L'article 10 de la loi du 9 juin 1819 rapporté plus haut, élevait contre les délits de presse commis par la voie des journaux le *maximnm* de la peine. Celui-ci a élevé le *minimum*. Il ne s'applique pas aux amendes portées par la loi du 18 juillet 1828, pour contravention aux dispositions légales sur la gestion, la déclaration, le dépôt, le cautionnement, la signature, la publication des procès dont le compte-rendu est interdit. Il ne s'applique qu'aux délits commis par la voie de la presse périodique et prévus par les lois des 17 mai 1819 et 25 mars 1822. Le législateur a pensé que la provocation, l'offense, l'outrage, la diffamation étaient plus grands quand ils se produisaient dans les journaux que s'ils étaient commis dans des livres.

Quelques auteurs soutiennent que cette disposition a été abrogée par la loi du 9 septembre 1835, qui elle-même est abrogée. D'autres, au contraire, la considèrent comme étant encore en vigueur et applicable même aux délits communs à la presse périodique et à la presse non périodique.

Circonstances aggravantes.

CCXXIII. Quiconque, après que la condamnation d'un écrit, de dessins ou gravures, sera réputée connue par la publication dans les formes prescrites par l'article précédent, les réimprimera, vendra ou distribuera, subira le *maximum* de la peine qu'aurait pu encourir l'auteur. (*Loi du* 26 *mai* 1819, *art.* 27.)

L'exposition et la mise en vente dans un magasin de librairie de l'œuvre condamnée équivaudrait à la vente même.

La réimpression et la vente d'une œuvre condamnée peuvent, suivant le caractère de ces œuvres, constituer un crime, un délit ou une contravention. Ce n'est donc pas nécessairement une contravention, et les juges doivent examiner à nouveau la moralité de l'œuvre et tenir compte des circonstances et de la bonne foi du prévenu. Une publication peut être interdite en un temps, licite plus tard. Le jugement de la première publication n'a pas contre la publication nouvelle la présomption de chose jugée; il peut être seulement dans certains cas, une circonstance aggravante du délit.

Cumul des peines.

CCXXIV. Les peines pécuniaires prononcées pour crimes et délits par les lois sur la presse et autres moyens de publication ne se confondront pas entre elles, et seront toutes intégralement subies, lorsque les faits qui y donneront lieu seront postérieurs à la première poursuite. (*Loi du* 16 *juillet* 1850, *art.* 9.)

D'après l'article 365 du Code d'instruction criminelle, en cas de conviction de plusieurs crimes et délits, la peine la plus forte sera seule prononcée. L'article ci-dessus déroge à cette règle pour les crimes et délits de presse. Les peines du second crime ou délit s'additionnent à celles du premier pourvu que le second crime ou délit ait été commis après la poursuite du premier commencée. Car, pour tous les faits antérieurs aux premières poursuites, le principe de l'article 365 reprend son empire, et l'on applique seulement la peine la plus forte.

L'article 365 n'est applicable qu'aux crimes et délits. En conséquence, on admet généralement que si plusieurs contraventions de presse ont été commises, les peines devront être additionnée, à moins que la loi n'ait apporté une exception spéciale à ce principe.

De la récidive.

CCXXV. En cas de récidive des crimes et délits prévus par la présente loi, il pourra y avoir lieu à l'aggravation de peines prononcée par le chapitre IV, livre Ier, du Code pénal. (*Loi du* 17 *mai* 1819, *art.* 25.)

En droit commun la récidive entraîne nécessairement une aggravation de peine. Dans les crimes et délits de presse prévus par la loi du 17 mai 1819, c'est-à-dire la provocation aux crimes et délits et à la désobéissance aux lois, les outrages à la morale publique, à la morale religieuse et aux bonnes mœurs, les offenses envers le souverain, sa famille et les souverains étrangers, les diffamations et injures envers les agents de l'autorité publique, les agents diplomatiques étrangers et les particuliers, l'aggravation de peine à cause de la récidive est facultative pour le tribunal. L'aggravation est obligatoire dans le cas de délit de compte-rendu infidèle.

Les articles 56, 57 et 58 du Code pénal déterminent quelle est l'aggravation de peine qui résulte de la récidive. Cet article s'applique à la récidive dans les délits de presse, sauf les dispositions spéciales de la loi sur la presse. (Vsy. CCLV.)

Circonstances atténuantes.

CCXXVI. L'art. 463 est applicable aux

crimes, délits et contraventions commis par la voie de la presse, sans que l'amende puisse être inférieure à 50 fr. (*Loi du 11 mai* 1868, *art.* 15.)

Le même principe était posé d'une façon moins générale par l'article 8 du décret du 11 août 1848 et par l'article 23 de la loi du 27 juillet 1849. Mais ces articles sont remplacés par l'article ci-dessus.

SECTION III. — PROCÉDURE ET CONDAMNATIONS.

Tribunaux compétents.

CCXXVII. Les crimes commis par la voie de la presse ou tout autre moyen de publication, seront renvoyés, par la chambre des mises en accusation de la Cour royale devant la Cour d'assises, pour être jugés à la plus prochaine session. L'arrêt de renvoi sera de suite notifié au prévenu. (*Loi du 26 mai* 1819, *art.* 10.)

Cet article statuait sur les crimes et délits par voie de publication qui étaient de la compétence des Cours d'assises. Aujourd'hui il ne s'applique plus qu'aux crimes, les délits de presse ayant été renvoyés à la compétence des tribunaux correctionnels.

CCXXVIII. La connaissance de tous les

délits prévus par la loi sur la presse et commis au moyen de la parole est déférée aux tribunaux de police correctionnelle. (*Décret du* 31 *décembre* 1851, *art.* 1.)

CCXXIX. Seront poursuivis devant les tribunaux de police correctionnelle : 1° les délits commis par la voie de la presse ou tout autre moyen de publication mentionné dans l'art. 1er de la loi du 17 mai 1819, et qui avaient été attribués par les lois antérieures à la compétence des cours d'assises ; 2° les contraventions sur la presse prévues par les lois antérieures; 3° les délits et contraventions édictés par la présente loi. (*Décret du* 17 *février* 1852, *art.* 25.)

CCXXX. Tous les délits dont la connaissance est actuellement attribuée aux cours d'assises, et qui ne sont pas compris dans les décrets des 31 décembre 1851 et 17 février 1852, seront jugés par les tribunaux correctionnels, sauf les cas pour lesquels il existe des dispositions spéciales à raison des fonctions ou de la qualité des inculpés. (*Décret des* 25-28 *février* 1852, *art.* 1.)

Les trois articles précédents se répètent et se

complètent : ils suppriment la juridiction exceptionnelle des Cours d'assises pour les délits de
presse. Aujourd'hui les tribunaux de police correctionnelle sont compétents pour juger :

1º Tous les délits commis par la voie de la
presse et tous autres moyens de publication.
Cependant les juridictions spéciales instituées
par le droit commun subsistent ;

2º Les contraventions :

On appelle contravention de presse tout fait
matériel contraire aux prescriptions spéciales
formulées par les lois sur la presse, lors même que
la peine serait supérieure à 15 fr. d'amende et
à cinq jours de prison.·

« Dans le cas où les formalités prescrites par
les lois et règlements concernant le dépôt auront été remplies, les poursuites à la requête
du ministère public ne pourront être faites que
devant les juges du lieu où le dépôt aura été
opéré, ou de celui de la résidence du prévenu.

En cas de contravention aux dispositions ci-
dessus rappelées concernant le dépôt, les poursuites pourront être faites soit devant le juge
de la résidence du prévenu, soit dans les lieux
on les écrits et autres instruments de publication auront été faits.

Dans tous les cas, la poursuite à la requête
de la partie plaignante pourra être portée devant les juges de son domicile, lorsque la publication y aura été effectuée » (Loi du 26 mai
1819, art. 12.)

On discute pour savoir si cet article est toujours en vigueur.

CCXXXI. Les délits de diffamation verbale ou d'injure verbale contre toute per-

sonne, et ceux de diffamation ou d'injure par une voie de publication quelconque contre des particuliers, seront jugés par les tribunaux de police correctionnelle, sauf les cas attribués aux tribunaux de simple police. (*Loi du 26 mai* 1819, *art.* 14.)

Pour que le tribunal de simple police soit compétent il faut trois conditions :

1º Que l'injure ne s'adresse qu'à un simple particulier ;

2º Qu'elle ne renferme pas l'imputation d'un vice déterminé ;

3º Qu'elle ne soit pas commise par voie de publication.

Cependant il a été jugé que cette dernière condition n'est pas nécessaire quand les deux autres s'y trouvent et que l'injure ne renfermant l'imputation d'aucun vice déterminé et commis contre un particulier par la voie de la presse n'est passible que des peines de simple police.

CCXXXII. Les tribunaux civils sont incompétents pour connaître des diffamations, injures ou autres attaques dirigées par la voie de la presse ou par tout autre moyen de publication contre les fonctionnaires ou contre tout citoyen revêtu d'un caractère public, à raison de leurs fonctions ou de leur qualité. Ils renverront devant qui de droit toute action en dommages-intérêts fondée sur des faits de cette nature. (*Décret du 22 mars 1848, art. 1er.*)

CCXXXIII. L'action civile résultant des délits commis par la voie de la presse ou par toute autre voie de publication contre les fonctionnaires et contre tout citoyen revêtu d'un caractère public, ne pourra dans aucun cas être poursuivie séparément de l'action publique. Elle s'éteindra de plein droit par le fait de l'extinction de l'action publique. (*Décret du 22 mars 1848, art. 2.*)

CCXXXIV. Les appels des jugements rendus par les tribunaux correctionnels sur les délits commis par la voie de la presse seront portés directement, sans distincion de la situation locale de ces tribunaux, devant la Chambre correctionnelle de la Cour d'appel. (*Décret du 17 février 1852, art. 6.*)

Poursuites.

CCXXXV. La poursuite des crimes et délits commis par la voie de la presse ou par tout autre moyen de publication, aura lieu d'office et à la requête du ministère public, sous les modifications suivantes. (*Loi du 26 mai 1819, art. 1.*)

Les modifications auxquelles l'article fait allusion sont celles qui subordonnent en certains cas l'action publique à la plainte ou à l'autorisation de la partie lesée. (Voy. nos CLXIX, CXCV, CXCVI.)

CCXXXVI. Les délits et contraventions seront constatés par les inspecteurs de l'imprimerie et de la librairie, les officiers de police, et en outre par les préposés aux douanes pour les livres venant de l'étranger.

Chacun dressera procès-verbal de la nature du délit et contravention, des circonstances et dépendances, et le remettra au préfet de son arrondissement, pour être adressé au directeur général. (*Décret du 5 février* 1810, *art.* 45.)

CCXXXVII. Les contraventions seront constatées par les procès-verbaux des inspecteurs de la librairie et des commissaires de police. (*Loi du 21 octobre* 1814, *art.* 20.)

CCXXXVIII. En exécution de l'art. 20, les commissaires de police rechercheront et constateront d'office toutes les contraventions; et ils seront aussi tenus de déférer à toutes les réquisitions qui leur seront adressées à cet effet par les préfets, souspréfets et maires, et par les inspecteurs de la librairie. Ils enverront dans les vingt-quatre heures tous les procès-verbaux qu'ils auront dressés, à Paris, au directeur général de la librairie; et dans les départements aux préfets, qui les feront passer sur-le-champ au directeur général, seul chargé par l'art. 21 de dénoncer les contrevenants aux tribunaux. (*Ordonn. du 24 octobre 1814, art. 7.*)

Les trois articles précédents se complètent l'un par l'autre. Les inspecteurs de l'imprimerie et de la librairie ont été supprimés par l'ordonnance du 13 septembre 1829 et leurs attributions ont été transférées au commissaires de police. Le directeur général de la librairie a également été supprimé. En résumé, tous les officiers de police judiciaire peuvent constater les contraventions. La rédaction d'un procès-verbal n'est pas toujours indispensable, et la loi admet d'autres genres de preuves.

CCXXXIX. Le ministère public pour suivra d'office les contrevenants par-devant les tribunaux de police correctionnelle, sur la dénonciation du directeur général de la librairie et la remise d'une copie des procès-verbaux. (*Loi du 24 octobre 1814, art. 21.*)

Le directeur général de l'imprimerie ayant été supprimé, il a été jugé que le ministère public pouvait poursuivre les contraventions de presse sans qu'il y eut dénonciation. Il peut même poursuivre sans qu'il y ait eu procès-verbal, car il peut y avoir d'autres modes de constatation de l'infraction.

CCXL. Les poursuites auront lieu dans les formes et délais prescrits par le Code d'instruction criminelle. (*Décret du 17 février* 1852, *art*. 27.)

La même règle est reproduite dans l'article 3 du décret des 25-28 février 1852.

L'action publique et l'action civile résultant d'un crime se prescrivent après dix années révolues à partir du jour où le crime a été commis, ou, si dans cet intervalle il a été fait des actes d'instruction et de poursuite, à partir du dernier de ces actes.

S'il s'agit d'un délit, la durée de la prescription est réduite à trois années.

S'il s'agit d'une contravention, l'action publique et l'action civile sont toujours prescrites après une année révolue à compter du jour ou la contravention a été commise, même lorsqu'il il y a eu commencement de poursuite, s'il n'y a pas eu jugement.

Ces délais s'appliquent aux délits et contraventions de presse, sauf la prescription exceptionnelle de trois mois établie par l'article 13 de la loi du 9 juin 1819 pour la contravention qui résulte du défaut d'insertion dans une publication périodique du jugement qui la condamne.

Le tribunal de police correctionnelle est saisi des délits, soit par le renvoi du juge d'instruction, soit par une citation donnée directement aux prévenus par la partie civile ou par le pro-

cureur impérial. Il est saisi de la contravention par le renvoi du juge d'instruction ou la
citation du procureur impérial.

CCXLI. En matière de poursuites
pour délits et contraventions commis par
la voie de la presse, la citation directe devant le tribunal de police correctionnelle
ou la Cour impériale sera donnée conformément aux dispositions de l'art. 184 du
Code d'instruction criminelle. Le prévenu
qui a comparu devant le tribunal ou devant la Cour ne peut plus faire défaut.
(*Loi du* 11 *mai* 1868, *art.* 10.)

Il y aura au moins un délai de trois jours,
outre un jour par trois myriamètres, entre la
citation et le jugement, à peine de nullité de
la condamnation qui serait prononcée par défaut contre la personne citée. Néanmoins, cette
nullité ne pourra être proposée qu'à la première audience et avant toute exception ou
défense. *(Cod. d'instr. crimin., art* 184.)

CCXLII. Lorsque les faits imputés seront
punissables selon la loi, et qu'il y aura
des poursuites commencées à la requête
du ministère public, ou que l'auteur de
l'imputation aura dénoncé ces faits, il
sera, durant l'instruction, sursis à la
poursuite et au jugement du délit de diffamation. (*Loi du* 26 *mai* 1819, *art.* 25.)

L'on admet généralement qu'il ne peut y avoir sursis que dans la poursuite d'une diffamation et non dans celle d'un outrage. Il faut donc qu'il s'agisse d'une diffamation contre un particulier pour des faits dont la preuve sera admise, ou d'une diffamation contre un fonctionnaire public qui ne constitue pas un outrage.

Pour qu'il y ait sursis dans la poursuite d'une diffamation, il faut deux conditions :

1° Que les faits allégués par le diffamateur soient de nature à entraîner contre leur auteur une peine. S'ils n'avaient que le caractère de vices, de défauts, d'actes immoraux non punissables, d'irrégularités n'entraînant que des peines disciplinaires, le sursis ne serait pas possible. Il en serait de même si les faits avaient déjà donné lieu à l'application de la peine, ou qu'ils fussent prescrits, ou amnistiés, ou que, poursuivis, ils eussent amené une ordonnance de non lieu, ou que l'auteur en fût décédé.

2° Que le ministère public en ait commencé la poursuite, ou que l'auteur de la diffamation les ait régulièrement dénoncés par écrit à l'autorité judiciaire. Il importe peu que la dénonciation ait suivi ou précédé la diffamation mais il ne faut pas qu'elle ait été retirée.

Dans ces conditions, le tribunal doit surseoir sur le procès en diffamation jusqu'à ce qu'il ait été statué sur les faits imputés. Le sursis est prononcé à la requête du ministè e public, ou sur la demande de l'accusé de diffamation, ou d'office, en tout état de cause. Il ne peut être refusé sous prétexte que les faits imputés ne sont pas vraisemblables, ou ne sont pas prouvés.

Exécution des sentences.

CCXLIII. Tout arrêt de condamnation contre les auteurs ou complices des crimes et délits commis par voie de publication ordonnera la suppression ou la destruction des objets saisis, ou de tous ceux qui pourront l'être ultérieurement, en tout ou en partie, suivant qu'il y aura lieu pour l'effet de la condamnation.

L'impression ou l'affiche de l'arrêt pourront être ordonnées aux frais du condamné.

Ces arrêts seront rendus publics dans la même forme que les jugements portant déclaration d'absence. (*Loi du* 26 *mai* 1819, *art*. 26.)

La suppression ou destruction de l'écrit ne peut être prononcée, si le prévenu est acquitté sur le chef de délit commis audit écrit. Cependant il a été jugé qu'elle pourrait être accordée comme réparation à la partie civile, malgré l'acquittement. Un fait peut être dommageable et donner lieu à réparation, sans être punissable et donner lieu à peine.

La suppression ou destruction peut n'être prononcée que contre une partie de l'écrit.

La suppression ou destruction sont obligatoire quand il y a condamnation. L'impression ou l'affiche du jugement sont facultatives pour le Tribunal. L'impression nous paraît être l'insertion dans les journaux. Le juge doit choisir entre ce mode de publicité et l'affiche. Il ne peut cumuler les deux peines. Il doit déterminer le nombre des insertions ou des affiches qui ne peut être dépassé.

CCXLIV. Il est interdit d'ouvrir ou annoncer publiquement des souscriptions ayant pour objet d'indemniser des amendes, frais, dommages et intérêts prononcés par des condamnations judiciaires. La contravention sera punie, par le tribunal correctionnel, d'un emprisonnement d'un mois à un an et d'une amende de 500 fr. à 1,000 fr. (*Loi du 27 juillet 1849, art.* 5.)

Toute annonce, quête, vente de brochure, aboutissant à une souscription pour payer les amendes, frais et dommages-intérêts prononcés pour des condamnations judiciaires de police et autres sont interdites, si elles sont publiques. Car les souscriptions privées ne peuvent pas être défendues.

Il a été jugé que, s'il s'agissait seulement de faciliter aux prévenus, les moyens d'interjeter appel, la souscription serait licite.

CCXLV. Dans les trois jours de tout arrêt de condamnation pour crime ou délit de presse, le gérant du journal devra acquitter le montant des condamnations qu'il aura encourues.

En cas de pourvoi en cassation, le montant des condamnations sera consigné dans le même délai. (*Loi du* 16 *juillet* 1850, *art.* 6.)

CCLXVI. La consignation ou le paiement prescrit par les articles précédents sera constaté par une quittance délivrée en duplicata par le receveur des domaines.

Cette quittance sera, le quatrième jour au plus tard, soit de l'arrêt rendu par la Cour d'assises, soit de la notification de l'arrêt de la Chambre des mises en accusation, remise au procureur impérial qui en donnera récépissé. (*Loi du* 16 *juillet* 1850, *art.* 7.)

CCXLVII. Faute par le gérant d'avoir remis la quittance dans les délais ci-dessus fixés, le journal cessera de paraître, sous les peines portées contre tout journal publié sans cautionnement, c'est-à-dire une amende de 100 fr. à 2,000 fr., pour chaque numéro publié en contravention, et un emprisonnement d'un mois à deux ans. (*Loi du* 16 *juillet* 1850, *art.* 8.)

Le journal ne doit cesser de paraître que jusqu'au jour où l'amende est payée. Il ne s'agit pas d'une suppression définitive. Mais si le journal paraissait quoique l'amende n'eût pas été payée, la condamnation qui s'en suivrait prononcerait la suppression conformément aux dipositions de l'article 5 du décret du 17 février 1852.

CCXLVIII. Dans les trois jours de tout jugement ou arrêt définitif de contravention de presse, le gérant du journal devra acquitter le montant des condamnations qu'il aura encourues ou dont il sera responsable.

En cas de pourvoi en cassation, le montant des condamnations sera consigné dans le même délai. (*Décret du 17 février 1852, art. 29.*)

Cet article applique aux contraventions de presse les dispositions édictées par les articles précédents pour les crimes et délits.

CCXLIX. La consignation ou le paiement prescrit par l'article précédent sera constaté par une quittance délivrée en duplicata par le receveur des domaines.

Cette quittance sera, le quatrième jour au plus tard, remise au procureur de la république, qui en donnera récépissé. (*Décret du 17 février 1852, art. 30.*)

CCL. Faute par le gérant d'avoir remis la quittance dans les délais ci-dessus fixés, le journal cessera de paraître, sous les peines portées par l'article 5 de la présente loi, c'est-à-dire une amende de 100 fr. à 2,000 francs pour chaque numéro publié en contravention, et un emprisonnement d'un mois à deux ans. (*Décret du* 17 *février* 1852, *art.* 31.)

Le journal ne doit cesser de paraître que jusqu'au jour où l'amende est payé. Il ne s'agit pas d'une suppression définitive. Mais si le journal continuait à paraître, quoique l'amende n'eut pas été payée, la condamnation qui s'ensuivrait prononcerait la suppression conformément aux dispositions de l'article 5 du décret du 17 février 1852.

CCLI. Les amendes à acquitter en exécution du paragraphe 1er de l'article 6 de la loi du 16 juillet 1850, et de l'article 29 du décret du 17 février 1852, seront versées, à l'avenir, à la Caisse des consignations à Paris, et à celle de ses préposés dans les départements ; elles y resteront déposées pendant trois mois, avec leur affectation spéciale au profit du Trésor.

Les sommes consignées, en cas de pourvoi en cassation, conformément au paragraphe deuxième des articles ci-dessus mentionnés, resteront également dé-

posées pendant le même délai de trois
mois, à partir de la date soit du désistement, soit de l'arrêt de rejet, soit du
jugement ou de l'arrêt définitif à intervenir. (*Décret du 5 janvier* 1853,
art. 1ᵉʳ.)

CCLII. A l'expiration du délai de trois
mois, dans les deux cas prévus en l'article précédent, si le droit de grâce n'a
pas été exercé, les sommes consignées
seront irrévocablement acquises à l'État,
et elles seront versées par la Caisse des
consignations au bureau du receveur de
l'enregistrement, chargé de la recette
des amendes et frais de justice dans la
ville où se publiait le journal. (*Loi du 5
janvier* 1853, *art.* 2.)

CCLIII. Les condamnations pécuniaires
prononcées soit contre les signataires
responsables, soit contre l'auteur ou les
auteurs des passages incriminés, seront
prélevées :

1° Sur la portion du cautionnement
appartenant en propre aux signataires
responsables ;

2° Sur le reste du cautionnement dans
le cas où celle-ci serait insuffisante, sans
préjudice, pour le surplus, des règles

établies par les articles 3 et 4 de la loi du 9 juin 1819. (*Loi du* 18 *juillet* 1828, *art.* 13.)

CCLIV. Le cautionnement (des journaux) sera affecté, par privilége, aux dépens, dommages-intérêts et amendes auxquels les propriétaires ou éditeurs pourront être condamnés : le prélèvement s'opérera dans l'ordre indiqué au présent article. En cas d'insuffisance, il y aura lieu à recours solidaire sur les biens des propriétaires ou éditeurs déclarés responsables du journal ou écrit périodique, et des auteurs et rédacteurs des articles condamnés. (*Loi du 9 juin* 1819, *art.* 3.)

Suppression et suspension des journaux.

CCLV. Une condamnation pour crime commis par la voie de la presse entraîne de plein droit la suppression du journal dont le gérant a été condamné.

Pour le cas de la récidive dans les deux années à partir de la première condamnation pour délit de presse autre que ceux commis contre les particuliers, les tribunaux peuvent, en réprimant un nouveau délit de même nature, prononcer la suspension du journal ou écrit périodique pour un temps qui ne sera pas moindre de quinze jours ni supérieur à deux mois.

Une suspension de deux à six mois peut être prononcée pour une troisième condamnation dans le même délai. Elle peut l'être également par un premier jugement ou arrêt de condamnation, si la condamnation est encourue pour provocation à l'un des crimes prévus par les articles 86, 87 et 91 du Code pénal, ou pour délit prévu par l'article 9 de la loi du 17 mai 1819.

Pendant toute la durée de la suspension, le cautionnement demeurera déposée au Trésor et ne pourra recevoir une autre destination. (*Loi du* 11 *mai* 1868, *art*. 12.)

CCLVI. L'exécution provisoire du jugement de l'arrêt qui prononce la suspension ou la suppression d'un journal ou écrit périodique pourra, par une disposition spéciale, être ordonnée nonobstant opposition ou appel en ce qui touche la suspension ou la suppression.

Il en sera de même pour la consignation de l'amende, sans préjudice des dispositions des articles 29, 30 et 31 du décret du 17 février 1852.

Toutefois l'opposition ou l'appel suspendront l'exécution, s'ils sont formés dans les vingt-quatre heures de la signification des jugement ou arrêt par défaut ou de la prononciation du jugement contradictoire.

L'opposition ou l'appel entraîneront de plein droit citation à la plus prochaine audience.

Il sera statué dans les trois jours.

Le pourvoi en cassation n'arrêtera en aucun cas les effets des jugemeuts et arrêts ordonnant l'exécution provisoire. *Loi du* 11 *mai* 1868, *art.* 13.)

CCLVII. Si la publication d'un journal ou écrit périodique frappé de suppression ou de suspension administrative ou judiciaire est continuée sous le même titre, ou sous un titre déguisé, les auteurs, gérants et imprimeurs seront condamnés à la peine d'un mois à deux ans d'emprisonnement et solidairement à une amende de 500 francs à 3,000 francs pour chaque numéro ou feuille publiée en contravention. (*Décret du* 17 *février* 1852, *art.* 20.)

La suppression ne peut plus aujourd'hui être prononcée que par l'autorité judiciaire.

Insertion des jugements.

CCLVIII. Les éditeurs du journal ou écrit périodique seront tenus d'insérer dans l'une des feuilles ou des livraisons qui paraîtront dans le mois du jugement ou de l'arrêt intervenu contre eux, extrait contenant les motifs et le dispositif dudit jugement ou arrêt. (*Loi du 9 juin* 1819, *art.* 11.)

L'insertion est obligatoire lors même qu'elle n'aurait pas été ordonnée par le tribunal.

Si le journal était suspendu pour plus d'un mois, il est évident que l'insertion ne pourrait pas avoir lieu dans le mois. S'il était supprimé, elle n'aurait pas lieu du tout. Mais les juges pourraient toujours, en vertu de l'article 26 de la loi du 26 mai 1819, ordonner contre les auteurs et complices des crimes et délits commis par voie de publication l'impression et l'affiche de l'arrêt:

CCLIX. La contravention aux art. 7, 8 et 11 de la présente loi sera punie correctionnellement d'une amende de 100 francs à 1,000 francs. (*Loi du 9 juin* 1819, *art.* 12.)

Les articles 7 et 8 sont abrogés. L'article 11 est l'article précédent.

CCCX. Les poursuites auxquelles pourront donner lieu les contraventions aux articles 7, 8 et 11 de la présente loi se prescriront par le laps de trois mois, à compter de la contravention, et de l'interruption des poursuites, s'il y en a de commencées en temps utile. (*Loi du 9 juin art.* 13.)

Il n'est pas inutile de reproduire ici le dernier article de la loi du 11 mai 1868 qui contient la formule habituelle :

« Sont abrogés les articles 1 et 32 du décret du 17 février 1852, et généralement les dispositions des lois antérieures contraires à la présente loi. La suspension, dans le cas prévu par l'article 19 du décret du 17 février 1852, ne pourra être prononcée que par l'autorité judiciaire. » (*Loi du 11 mai* 1868).

Les articles 1 et 32 du décret du 17 février 1852, expressément abrogés par la loi de 1868, étaient relatifs, le premier à la nécessité de l'autorisation préalable pour fonder un journal, le second au régime des avertissements, de la suspension et de la suppression administrative.

CHAPITRE V

De la propriété littéraire.

—

. Droits des auteurs et de leurs héritiers.

CCLXI. Les auteurs d'écrits en tous genres, les compositeurs de musique, les peintres et dessinateurs qui feront graver des tableaux ou dessins, jouiront durant leur vie entière, du droit exclusif de vendre, faire vendre, distribuer leurs ouvrages dans le territoire de la république et d'en céder la propriété en tout ou en partie. (*Décret des* 19-24 *juillet* 1793, *art.* 1.)

CCLXII. Leurs héritiers ou cessionnaires jouiront du même droit durant l'espace de dix ans après la mort des

15

auteurs. (*Décret des* 19-24 *juillet* 1793, *art.* 2.)

Ce délai a été porté à cinquante ans par la loi de 1866.

Le droit exclusif de l'auteur et de ses ayant-cause porte sur le fond et sur la forme de son ouvrage, sur le corps du livre, le titre, les notes, la table. Il peut porter sur un ouvrage original, une abréviation ou une compilation d'ouvrages tombés dans le domaine public, ou la traduction d'un ouvrage étranger. L'écrivain a ce droit sur ses livres, le journaliste sur ses articles, l'orateur sur ses discours, le professeur sur ses leçons.

Mais les lois, ordonnances, décrets, instructions, circulaires, sont dans le domaine public, tout le monde peut les reproduire. Les décisions judiciaires sont également dans la domaine public.

Les discours d'un orateur politique à la chambre, les plaidoyers d'un avocat sont-ils également dans le domaine public ? Les comptes-rendus officiels des chambres appartiennent à tout le monde; mais nous serions disposé à croire que l'orateur a seul le droit de reproduire ses discours isolés et l'avocat ses plaidoyers.

Le cessionnaire d'un manuscrit n'a pas le droit de le modifier par des suppressions, des intercalations ou des altérations de texte ; il ne peut pas supprimer ou changer le nom de l'auteur. Mais on pense généralement qu'après le décès de l'auteur, le cessionnaire peut modifier le texte original sous la condition d'annoncer ces modifications au public.

L'auteur conserve-t-il le droit de modifier l'ouvrage dont il a vendu la propriété et d'imposer ces modifications au cessionnaire pour des éditions subséquentes? Nous le croyons, sauf indemnité, s'il y a préjudice.

Le cessionnaire d'un manuscrit ne peut pas ne pas le publier, si l'auteur en exige la publication. C'est une condition présumée de la vente.

CCLXIII. La durée des droits accordés par les lois antérieures aux héritiers, successeurs irréguliers, donataires et légataires des auteurs, compositeurs ou artistes est portée à cinquante ans, à partir du décès de l'auteur.

Pendant cette période de cinquante ans, le conjoint survivant quelque soit le régime matrimonial et indépendamment des droits qui peuvent résulter en faveur de ce conjoint du régime de la communauté a la simple jouissance des droits dont l'auteur prédécédé n'a pas disposé par acte entre-vifs ou par testament.

Toutefois si l'auteur laisse des héritiers à réserve, cette jouissance est réduite, au profit de ces héritiers suivant les proportions et distinctions établies par les articles 913 et 915 du Code Napoléon.

Cette jouissance n'a pas lieu lorsqu'il existe, au moment du décès, une séparation de corps prononcée contre ce conjoint ; elle cesse au cas ou le conjoint contracte un nouveau mariage.

Les droits des héritiers à réserve et des autres héritiers ou successeurs pendant cette période de cinquante ans, restent d'ailleurs réglés, conformément aux prescriptions du Code Napoléon.

Lorsque la succession est dévolue à l'Etat le droit exclusif s'éteint sans préjudice des droits des créanciers et de l'exécution des traités de cession qui ont pu être consentis par l'auteur ou par ses représentants. (*Loi du* 14 *juillet* 1866, *art.* 1.)

La femme veuve, indépendamment du régime sous lequel elle est mariée, a comme femme, sa vie durant, la jouissance des droits d'auteur qui reviennent à son mari. Le mari d'une femme auteur aurait le même droit sur les œuvres de sa femme. C'est une simple jouissance qui donne le droit de percevoir le revenu des ouvrages, mais non d'en aliéner la propriété. Cependant des traités faits de bonne foi et d'une durée limitée pour l'exploitation de ces ouvrages devraient être respectés.

L'époux commun a en outre en vertu de la communauté la propriété pleine de la moitié de l'ouvrage, cet ouvrage étant un bien mobilier qui tombe dans la communauté, à moins qu'il n'en ait été exclu. La femme renonçante perd ce droit.

Enfin le contrat de mariage ou un testament

postérieur peuvent donner au conjoint survivant des droits plus étendus.

Des ouvrages posthumes.

CCLXIV. Les propriétaires, par succe-
sion ou à autre titre, d'un ouvrage pos-
thume ont les même droits que l'auteur,
et les dispositions des lois sur la propriété exclusive des auteurs et sur sa durée leur sont applicables, toutefois à la
charge d'imprimer séparément les œuvres posthumes, et sans les joindre à une
nouvelle édition des ouvrages déjà publiés et devenus propriété publique.
(*Décret du 1ᵉʳ germi nal an 13, art. 1.*)

Reproduction des manuscrits des bibliothèques publiques.

CCLXV. Les manuscrits des archi-ves
de notre ministère des relations extérieures et ceux des bibliothèques impé-
riales, départementales et communales
ou des autres établissements de notre
empire, soit que ces manuscrits existent
dans les dépôts auxquels ils appartiennent, soit qu'ils en aient été soustraits,
ou que leurs minutes n'y aient pas
été déposées aux termes des anciens règlements, sont la propriété de l'Etat et

ne peuvent être imprimés et publiés sans autorisation. (*Décret du* 20 *février* 1809, *art.* 1.)

CCLXVI. Cette autorisation sera donnée par notre ministre des relations extérieures, pour la publication des ouvrages dans lesquels se trouveront des copies, extraits ou citations des manuscrits qui appartiennent aux archives de son ministère; par notre ministre de l'intérieur, pour celle des ouvrages dans lesquels se trouveront des copies, extraits et citations des manuscrits qui appartiennent à l'un des autres établissements publics, mentionnés dans l'article précédent. (*Décret du* 20 *février* 1809, *art.* 2.)

De la contrefaçon.

CCLXVII. Toute édition d'écrits, de composition musicale, de dessin, de peinture et de tout autre production, imprimés ou gravés, en entier ou en partie, au mépris des lois et règlements relatifs à la propriété des auteurs est une contrefaçon, et toute contrefaçon est un délit. (*Code pénal,* art. 425.)

CCLXVIII. Le débit d'ouvrages contrefaits, l'introduction sur le territoire français d'ouvrages qui, après avoir été imprimés en France, ont été contrefaits chez l'étranger sont un délit de la même espèce. (*Code pénal*, art. 426.)

La mauvaise foi est un élément constitutif et nécessaire du délit. La contrefaçon donne lieu à une action publique portée devant le tribunal criminel, et à une action civile portée soit devant le tribunal criminel concurremment avec l'action publique, soit devant les tribunaux civils.

CCLXIX. Tout citoyen qui mettra au jour un ouvrage soit de littérature ou de gravure, dans quelque genre que ce soit, sera obligé d'en déposer deux exemplaires à la Bibliothèque nationale ou au cabinet des estampes de la République, dont il recevra un reçu signé par le bibliothécaire, faute de quoi il ne pourra être admis en justice pour la poursuite des contrefacteurs. (*Décret des* 19-24 *juillet* 1793, *art.* 6.)

Ce dépôt se confond avec celui qu'exigent le décret du 5 février 1810 et l'ordonnance du 9 janvier 1828. Il n'y a qu'un seul dépôt effectué maintenant au ministère de l'intérieur, à Paris, au secrétariat de la préfecture dans les départements. Mais ce dépôt est une formalité indispensable, sans laquelle l'on refuse de protéger la propriété littéraire,

CCLXX. Les officiers de paix seront
tenus de faire confisquer, à la réquisition
et au profit des auteurs, compositeurs,
peintres, dessinateurs et autres, leurs héritiers ou cessionnaires, tous les exemplaires des éditions imprimées ou gravées
sans la permission formelle et par écrit,
des auteurs. (*Décret des* 19-24 *juillet* 1793,
art. 3.)

CCLXI. Les fonctions attribuées aux
officiers de paix par l'article 3 du décret des 19-24 juillet 1793, seront, à
l'avenir, exercées par les commissaires
de police, et par les juges de paix dans
les lieux où il n'y pas de commissaire de
police. (*Décret du* 25 *prairial an III*,
art. 1er.)

CCLXXII. La peine contre le contrefacteur ou contre l'introducteur sera une
amende de 100 francs au moins et de
2,000 francs au plus; et contre le débitant, une amende de 25 francs au moins
et de 500 francs au plus.

La confiscation de l'édition contrefaite sera prononcée tant contre le contrefacteur que contre l'introducteur et le
débitant.

Les planches, moules et matières des

objets contrefaits seront aussi confisqués.
(*Code pénal*, art. 427.)

La co fiscation étant une peine ne peut être prononcée que par les tribunaux criminels ; mais les tribunaux civils pourront prononcer l'attribution au propriétaire des ouvrages contrefaits.

CCLXIII. Dans les cas prévus par les articles précédents, le produit des confiscations et les recettes confisquées seront remis au propriétaire pour l'indemniser d'autant du préjudice qu'il aura souffert ; le surplus de son indemnité ou l'entière indemnité s'il n'y a eu ni vente d'objets confisqués, ni saisie de recettes, sera réglé par les voies ordinaires. (*Code pénal*, art. 429.)

CCLXXIV. Tout contrefacteur sera tenu de payer au véritable propriétaire une somme équivalente au prix de trois mille exemplaires de l'édition originale. (*Décret des* 19-24 *juillet* 1793, art. 5.)

CCLXXV. Tout débitant d'édition contrefaite, s'il n'est pas reconnu contrefacteur, sera tenu de payer au véritable propriétaire une somme équivalente au prix de cinq cents exemplaires de l'édition originale. (*Décret des* 19-24 *juillet* 1793, art. 5.)

CCLXXVI. La contrefaçon, sur le territoire français, d'ouvrages publiés à l'étranger et mentionnés à l'article 425 du Code pénal, constitue un délit. (*Décret des* 28-31 *mars* 1852, art. 1.

CCLXXVII. Il en est de même du débit, de l'exportation et de l'expédition des ouvrages contrefaisants. L'exportation et l'expédition de ces ouvrages sont des délits de la même espèce que l'introduction sur le territoire français, d'ouvrages qui après avoir été imprimés en France, ont été contrefaits chez l'étranger. *Décret des* 28-31 *mars* 1852, art. 2.)

CCLXXVIII. Les délits prévus par les articles précédents seront réprimés conformément aux articles 427 et 429 du Code pénal. L'article 463 du Code pénal pourra être appliqué. (*Décret des* 28-31 *mars* 1852, art. 3.)

CCLXIX. Néanmoins les poursuites ne sont admises que sous l'accomplissement des conditions exigées relativement aux ouvrages publiés en France, notamment par l'article 6 de la loi du 19 juillet 1793. (*Décret des* 28-31 *mars* 1852, art. 4.)

L'article 6 de la loi des 19-24 juillet 1793 est celui qui exige le dépôt de deux exemplaires comme condition de la protection de la propriété littéraire. Cette formalité est donc imposée aux auteurs étrangers. S'il existait entre les pays de ces auteurs et la France une convention littéraire internationale, qui n'exige pas cette formalité, serait-elle encore obligatoire ? La question est controversée.

TRAITÉS INTERNATIONAUX SUR LA PROPRIÉTÉ LITTÉRAIRE.

Les conventions internationales faites entre la France et les pays étrangers assurent certaines garanties aux auteurs. Nous croyons utile de donner la date de ces conventions et d'analyser leurs dispositions.

Angleterre.—La convention applicable à toutes les possessions britanniques est du 3 novembre 1851, promulguée le 27 janvier 1852, pour dix ans, et tacitement renouvelable d'année en année tant qu'un des états ne l'aura pas dénoncée. Elle assure la propriété des œuvres littéraires, artistiques ou musicales parues depuis le 27 janvier 1852, moyennant l'enregistrement et le dépôt d'un exemplaire dans les trois mois de la publication, à Londres à l'hôtel de la corporation des libraires pour les œuvres françaises, à Paris au ministère de l'intérieur pour les publications anglaises. Le droit de traduction est réservé pendant cinq ans à l'éditeur et à l'auteur quand cette réserve est exprimée en tête de l'ouvrage, que cette traduction a commencé à paraître dans l'année et que la publication en a été terminée dans les trois ans. Ce délai est réduit à trois mois pour les œuvres dramatiques. La publication et la reproduction

des articles non politiques des journaux et revues sont défendues lorsque la défense a été
exprimée dans le journal.

Autriche. — La convention promulguée le 27
décembre 1866 est valable pour dix ans à partir
du 1ᵉʳ janvier 1867, et tacitement renouvelable
d'an ée en année ta t qu'un des états ne l'aura
pas dénoncée. Elle assure la propriété des œuvres l ttéraires et artistiques parues soit avant,
soit après 1867, et des œuvres musicales ou
dramatiques parues, représentées ou exécutées
seulement depuis le 1ᵉʳ janvier 1867. L'enregistrement sans dépôt d'exemplaires doit avoir lieu
dans les trois mo s de la première publication,
pour les œuvres françaises à la légation autri-
chienne à Paris ou au ministère des affaires
étrangères à Vienne, et pour les œuvres autri-
chiennes au ministère de l'intérieur à Paris ou
à la légation française à Vienne. Le droit de
traduction est réservé à perpétuité aux auteurs
ou édite rs quand cette réserve est exprimée
en tête de l'ouvrage ; la reproduction et la traduction des articles non politiques des journaux et revues sont interdites quand la défense
a été exprimée dans le journal.

Bade (grand-duché de). — La convention promulguée le 24 juin 1861 est exécutoire à partir
du 1ᵉʳ juillet 1865, pour douze ans, et tacitement
renouvelable d'année en année jusqu'à dé on-
ciation. Elle assure, sans enregistrement ni
dépôt, la propriété es œuvres littéraires ou
artistiques parues soit avant, soit après 1865, et
la propriété des œuvres dramatiques ou musicales parues ou exécutées pour la première fois
après le 1ᵉʳ juillet 1865. On autorise des extraits
de morceaux choisis destinés à l'enseignement et

à l'étude et accompagnés de notes et traductions dans la langue du pays. Le droit exclusif du traducteur est réservé à perpétuité aux auteurs ou éditeurs, quand cette réserve est exprimée en tête de l'ouvrage, que la traduction a commencé à paraître dans le délai d'un an et que la publication en a été terminée dans les trois ans. Ce délai n'est que de six mois pour les œuvres dramatiques. La reproduction et la traduction des articles non politiques des journaux et revues sont interdites quand la défense a été exprimée dans le journal.

Bavière. — La convention promulguée le 15 mai 1865, exécutoire à partir du 1er juillet 1865, contient les mêmes dispositions et a la même durée que celle qui a été faite dans le grand duché de Bade.

Belgique. — La convention promulguée le 31 mai 1861 est exécutoire à partir du 27 mai pour dix ans, et tacitement renouvelable jusqu'à dénonciation. Elle assure la propriété des œuvres littéraires et artistiques parues soit avant, soit après 1861, et la propriété des œuvres dramatiques et musicales parues pour la première fois après le 12 mai 1854. L'enregistrement et le dépôt d'un exemplaire dans les trois mois de la première publication sont obligatoires pour les œuvres françaises, à Bruxelles, au ministère de l'intérieur, ou à Paris, à la légation belge ; et pour les œuvres belges, à Paris au ministère de l'intérieur, et à Bruxelles à la légation française. Sont autorisés les extraits d'ouvrages français destinés à l'enseignement, et sont défendus les morceaux de musique qui consistent dans l'arrangement des œuvres originales. Les droits de traduction sont les mêmes

16

que dans la convention faite avec l'Angleterre. La reproduction des articles non politiques des journaux et revues est interdite quand cette défense est publiée dans le journal.

Brême, Hambourg et Lubeck. — Les conventions promulguées le 8 juin 1865 sont exécutoires à partir de ce jour pour douze ans, et tacitement renouvelables d'année en année jusqu'à dénonciation. Elles assurent, sans enregistrement ni dépôt, la propriété des œuvres littéraires et artistiques parues avant et après 1865, et la propriété des œuvres dramatiques ou musicales parues ou exécutées pour la première fois depuis le 8 juin 1865. Le droit de traduction est réservé pour cinq ans à l'auteur ou à l'éditeur qui a fait cette réserve en tête de l'ouvrage et a commencé la publication de sa traduction dans le délai d'un an.

Espagne. — La convention promulguée le 9 février 1854 est exécutoire à partir de ce jour pour quatre ans, et tacitement renouvelable d'année en année jusqu'à dénonciation. Elle concerne toutes les œuvres littéraires ou artistiques parues soit avant, soit après 1854. L'enregistrement et le dépôt de deux exempl ires doivent avoir lieu dans les trois mois, au mi-ministère de l'intérieur à Madrid pour les publications françaises, au ministère de l'intérieur à Paris pour les publicati ns espagnoles. Le droit de traduction est réservé pour cinq ans aux auteurs ou éditeurs, à la condition que cette réserve sera exprimée en tête de l'ouvrage et que la traduction aura paru dans les six mois. Ce délai n'est que de trois mois pour les œuvres dramatiques.

Etats pontificaux. — La convention promul-

guée le 9 novembre 1867 est valable, à partir
du 31 octobre 1867, pour douze ans, et tacitement renouvelable d'année en année. Elle
assure, sans enregistrement ni dépôt, la propriété des œuvres littéraires et artistiques
parues soit avant, soit après le 31 octobre 1867,
et la propriété des œuvres musicales et dramatiques parues pour la première fois après le 31
octobre 1867. Les morceaux de musique consis-
tant dans l'arrangement d'extraits d'œuvres
originales sont défendus. Le droit perpétuel de
traduction est réservé à l'éditeur ou à l'auteur
qui a notifié cette réserve au public et a publié sa traduction dans le délai d'un an.

Hesse-Darmstadt (grand-duché). — La convention promulguée le 13 juillet 1865 a le même
point de départ, la même durée et les mêmes
clauses que la convention faite avec le grand-
duché de Bade.

Italie. — Le convention promulguée le 30
septembre 1862 est exécutoire à partir de cette
date pour douze ans, et tacitement renouvelable d'année en année jusqu'à dénonciation.
Elle assure, sans enregistrement ni dépôt, la
propriété de toutes les œuvres parues, soit avant,
soit après le 13 septembre 1862. Le droit de traduction est réservé à perpétuité à l'auteur et à
l'éditeur, si la réserve est exprimée en tête de
l'ouvrage en indiquant la date du dépôt légal
dans le pays d'origine, et si la traduction est
publiée dans le délai d'un an. Ce délai est réduit à six mois pour les œuvres dramatiques
La reproduction et la traduction des articles
non politiques des journaux et revues sont interdites, si la défense en a été exprimée dans le
journal.

Mecklembourg-Schwerin (grand-duché). — La convention promulguée le 29 juin a les mêmes dispositions, le même point de départ et la même durée que celle qui a été faite avec le grand-duché de Bade.

Pays-Bas.—Les conventions pour la Hollande, promulguées les 14 août 1855 et 17 mai 1860, sont valables à partir du 14 août 1855 pour quatre ans, tacitement renouvelables d'année en année. Elles protégent sans enregistrement ni dépôt toutes les œuvres scientifiques et littéraires antérieures et postérieures à 1855. Il n'y est pas fait mention des œuvres dramatiques et musicales. Les extraits d'œuvres françaises pour l'enseignement et accompagnés de notes et de traductions en langue hollandaise sont permis. Les traductions sont assimilées aux ouvrages originaux. Ce qui n'accorde pas au premier traducteur le monopole pour traduire, mais la propriété de sa traduction.

La convention pour le grand-duché de Luxembourg, promulguée le 9 février 1866, est exécutoire à partir du 1er janvier de la même année pour douze ans, et renouvelable d'année en année; elle assure, sans enregistrement ni dépôt, la propriété des œuvres littéraires et artistiques antérieures et postérieures à cette époque, et des œuvres musicales et artistiques executées pour la première fois depuis le 1er janvier 1866. Les extraits de morceaux choisis pour l'enseignement, et accompagnés de notes ou traductions dans la langue du pays, sont autorisés. Le droit exclusif de traduction est réservé pendant cinq ans à l'auteur ou à l'éditeur, quand cette réserve est exprimée en tête de l'ouvrage, et que la traduction a commencé à paraître dans le délai d'un an et a été terminée dans le délai de trois ans. La reproduction des articles non politiques des journaux et des revues est interdite quand le journal a exprimé cette défense.

Portugal. — La convention, promulguée le 23 août 1867, est valable pour douze ans à partir de cette date, et renouvelable d'année en année jusqu'à dénonciation. Elle assure sans dépôt d'exemplaires, mais moyennant enregistrement au ministère de l'intérieur et aux légations respectives de Paris et de Lisbonne la propriété des œuvres littéraires et artistiques antérieures ou postérieures à 1867, et des œuvres dramatiques postérieures au 23 août 1867. Les recueils d'extraits destinés à l'enseignement sont autorisés aux conditions ordinaires. Les traductions sont protégées par les mêmes clauses et aux mêmes conditions que dans le traité fait avec la Belgique.

Prusse et pays annexés. — La convention promulguée le 13 mai 1865 est exécutoire à partir du 1er juillet de la même année, pour douze ans, et tacitement renouvelable d'année en année jusqu'à dénonciation. Elle assure sans depôt d'exemplaire, mais moyennant enregistrement dans les trois mois au ministère de l'intérieur et aux légations respectives des deux pays, la propriété des œuvres littéraires et artistiques antérieures et postérieures à la convention, et la propriété des œuvres musicales et dramatiques parus après le 1er janvier 1865. Les traductions, les reproductions d'articles de journaux sont soumises aux mêmes règles que dans la convention faite avec l'Angleterre. Les recueils de morceaux destinés à l'enseignement

16.

sont autorisé aux mêmes conditions que dans e
traité passé avec le grand-duché de Bade.

Les duchés d'Anhalt-Dessau, de Brunswick
la principauté de Lippe-Detmold ; le grand-
duché de Mecklembourg-Strélitz ; les principautés de Reuss-Greitz et de Reuss-Gera; les
duchés de Saxe-Altembourg, Saxe-Cobourg-
Gotha, Saxe-Meiningen, Saxe-Weimar-Eise-
nach ; les principautés de Schaumbourg-Lippe,
Schwartzbourg - Rudolstadt, Schwartzbourg-
Sondershausen, Waldeck et Pyrmont, ont suc-
cessivement adhéré à la convention franco-
prussienne sans enregistrement spécial.

Russie. — La convention promulguée le
29 mai 1861 est valable à partir du 14 juillet
1861 pour six ans, et tacitement renouvelable
d'année en année. Elle ne protége que les
œuvres littéraires et artistiques et contient les
mêmes clauses que la convention faite avec la
Hollande. Il n'y a ni enregistsement ni dépôt
d'exemplaires.

Saxe (royaume de). — La convention promulguée le 28 juin 1865 et exécutoire à partir
du 1er juillet, a la même durée et les mêmes
clauses que la convention franco-prussienne.
L'enregistrement sans dépôt se fait à Leipzick,
à la direction du cercle royal, et à Paris, à la
légation saxonne, pour les publications françaises ; au ministère de l'intérieur, en France,
et à la légation française, à Dresde, pour les
publications saxonnes.

Suisse. — La convention promulguée le
10 décembre 1864 a le même point de départ,
la même durée et les mêmes clauses que la
convention faite avec la Prusse. L'enregistre-

ment sans dépôt d'exemplaire se fait à Berne et
à Paris.

Wurtemberg (royaume de). — La convention
promulguée ie 10 août 1865, valabie à partir du
1er juillet, a le même point de départ, la même
durée et les mêmes clauses que la convention
aite avec le grand-duché de Bade.

FIN.

TABLE CHRONOLOGIQUE

DES LOIS, ORDONNANCES ET DÉCRETS

REPRODUITS DANS CE VOLUME.

TABLE ALPHABÉTIQUE

DES MATIÈRES.

TABLE

DES DIVISIONS DE CET OUVRAGE

Paris. Imp. Balitout, Questroy et C°, 7 rue Baillif.

www.ingramcontent.com/pod-product-compliance
Lightning Source LLC
Chambersburg PA
CBHW070530200326
41519CB00013B/3007